에밀리 하워스부스

영국의 어린이책 작가이자 만화가이며, 런던 로열 드로잉 스쿨에서 어린이와 어른에게 만화를 가르치는 강사입니다. 케임브리지대학교에서 영문학을 공부한 뒤 케임브리지 앵글리아 러스킨 대학교에서 어린이책 일러스트레이션 석사 학위를 받았고, 처음으로 쓰고 그린 그림책 《어둠을 금지한 임금님》이 워터스톤즈 어린이책상과 케이트 그린어웨이상의 최종 후보작에 오르며 호평을 받았습니다.

앨리스 하워스부스

영국의 작가이자 그래픽 디자이너로, 주로 봉사 단체나 시민 운동 단체를 비롯한 비영리 단체와 함께 작업합니다. 사회를 변화시키기 위한 디자인의 힘을 믿으며, 더 나은 삶을 위해 일하는 프로젝트에 함께하고 있습니다. 단편 소설로 오로라 픽션상을 받았고, 노브로우 브릭레인상의 최종 후보에 오르기도 했습니다.

*두 자매는 함께 환경 운동 단체 '멸종 반란(Extinction Rebellion)'에서 활동하고 있으며, 몇 년에 걸쳐 이 책을 함께 구상하고 공부하며 글을 썼습니다. 그림은 에밀리 하워스부스가 그렸습니다.

김은정

대학에서 아동가족학을 공부하고 오랫동안 출판사에서 어린이책을 만들어 왔습니다. 지금은 좋은 어린이책을 기획하고 우리말로 옮기는 일에 힘쓰고 있습니다. 《세상을 바꾸는 하나의 목소리》는 미래의 주인공인 어린이들이 더 나은 세상을 위해 아주 작은 것부터 실천해 나가길 바라는 마음을 담아 우리말로 옮겼습니다.

세상을 바꾸는 하나의 목소리

글 에밀리 하워스부스, 앨리스 하워스부스 그림 에밀리 하워스부스 옮김 김은정
초판 1쇄 인쇄일 2021년 3월 10일 초판 1쇄 발행일 2021년 4월 5일
펴낸이 유성권 편집장 심윤희 편집 유옥진, 김세영, 이수빈 디자인 황금박g
마케팅·홍보 김선우, 김민석, 최성환, 김민지, 김애정 제작·관리 김성훈, 박혜민, 장재균
펴낸곳 (주)이퍼블릭 출판등록 1970년 7월 28일(제1-170호)
주소 서울시 양천구 목동서로 211 범문빌딩 전화 02-2651-6121 팩스 02-2651-6136
홈페이지 www.safaribook.co.kr 카페 cafe.naver.com/safaribook
블로그 blog.naver.com/safaribooks 페이스북 www.facebook.com/safaribookskr

ISBN 979-11-6637-142-4 73900

Protest

Text © Emily Haworth-Booth, Alice Haworth-Booth, 2020
Illustrations © Emily Haworth-Booth, 2020
First published in the United Kingdom in 2021 by Pavilion Children's Books,
An imprint of Pavilion Books Company Limited,
43 Great Ormond Street, London WC1N 3HZ
All rights reserved.

Korean translation © E*Public(Safari) 2020
This edition is published by arrangement with Pavilion Children's Books through
KidsMind Agency, Korea.

이 책의 한국어판 저작권은 키즈마인드 에이전시를 통해 Pavilion Children's Books와 독점 계약한
(주)이퍼블릭(사파리)에 있습니다. 신 저작권법에 의해 한국 내에서 보호를 받는 저작물이므로 무단전재와 복제를 금합니다.

* Printed in Singapore.
*이 책의 내용 일부 또는 전부를 재사용하려면 반드시 저작권자와 (주)이퍼블릭 양측의 동의를 얻어야 합니다.
*사파리는 (주)이퍼블릭의 유아·아동·청소년 출판 브랜드입니다. *책값은 뒤표지에 있습니다.

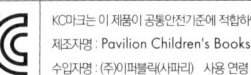

세상을 바꾸는 하나의 목소리

글 에밀리 하워스부스, 앨리스 하워스부스 · 그림 에밀리 하워스부스

고대부터 오늘날까지 더 나은 세상을 위해
행동한 사람들의 이야기

사파리

정의로운 세상을 지향하는 모든 이에게

차례

들어가며 10
이 책을 읽는 어린이 여러분께 12

제 1 부
시위의 시작

우리에게 먹을 것을 달라! 16
모두 어디로 갔지? 18
마음껏 꾸밀 권리를 달라! 20

특별한 전략: 소리 22

제 2 부
새로운 세계로의 출발

이 마을의 주인은 누구? 26
귀족 뜻대로만 따를 순 없어! 28
땅을 일구며 새로운 세상을 꿈꾸다 32

특별한 전략: 식물 기르기 36

제 3 부
아주 오래된 새로운 땅

유령 춤을 추며 저항하다 40
평화로운 쟁기질 시위 44
자유를 찾아서 북쪽으로 48

특별한 전략: 글쓰기와 책 읽기 52

제 4 부
잠에서 깨어난 사람들

왕과 왕비를 잡아라! 56
당신들의 양심을 무장하라! 60
하루 쉬어도 될까요? 62

특별한 전략: 아무것도 하지 않기 64

제 5 부
여성의 이름으로

말이 아닌 행동으로! 68
왕을 바꾼 여성들 72
두 번째 페미니즘 물결 74

특별한 전략: 교통 76

제 6 부
진실의 힘

바다로 갑시다! 80
희망의 인사 '구텐 탁!' 82
냄비를 두드려라! 86

특별한 전략 : 음식 88

제 7 부
정의와 자유의 강물

인종 분리와 차별을 넘어서 92
무지개 깃발을 들어라! 98
인종 분리 정책을 철폐하라! 100

특별한 전략 : 스포츠 106

제 9 부
다른 생각을 품는 이들

연대하라! 120
우리의 존엄성은
협상할 수 없습니다! 122
새로운 세상을 꿈꾼 학생들 124
장벽을 넘어 통일을 향해! 128

특별한 전략 : 예술 130

제 8 부
우리 모두 함께

프랑스는 따분해! 110
나무를 껴안은 사람들 112
손에 손을 잡고 114

특별한 전략 : 캠프 시위 116

제 11 부
우리는 지금도

인터넷을 꺼라! 144
사람 대신 장난감으로 146
물이 되어라! 148
이제 그만 멈춰! 150

특별한 전략 : 온라인 152

제 12 부
희망의 새싹

땅을 지킨 사람들 156
지금 바로! 158
미래를 향해 160

특별한 전략 : 연대 164

제 10 부
또 다른 세상을 위해

일어나 행동하자! 134
장벽의 그늘에 가꾼 정원 136
시애틀의 축제 138

특별한 전략 : 연극 140

옮긴이의 말 166
참고 자료 167

들어가며

우리가 처음으로 참여했던 큰 시위는 2003년 런던에서 열린 이라크 전쟁 반대 행진으로 기억합니다. 우리는 시위 현장에서 무슨 일이 일어나는지 잘 몰랐고, 이동하는 무리 속에서 플래카드를 든 사람들과 눈이 마주칠 때마다 멋쩍은 웃음을 주고받았지요. 시위 장소에 도착했을 때, 우리는 그렇게 많은 사람이 한자리에 모여 있는 모습은 처음 보았어요. 기차역에서 한꺼번에 쏟아져 나오는 사람들보다 훨씬 많았으니까요. 하지만 군중 속으로 편안하게 섞여 들어가는 데는 그리 오랜 시간이 걸리지 않았어요. 행진이 시작되면서 시위대는 마치 거대한 합창단처럼 함께 노래 부르고 구호를 외치며 거리를 가득 메웠지요. 우리는 슬픈 일에 항의하고자 그곳에 갔지만, 주로 느껴지는 감정은 인류에 대한 사랑 같은 것이었어요.

사람들은 전 세계에서 수천만 명이 시위에 나서도 전쟁이 끊이질 않다 보니 시위를 벌이는 게 무슨 의미가 있는지 의문을 품기도 해요. 하지만 시위는 변화를 위한 큰 움직임의 단지 한 부분일 뿐이에요. 어떻게 하면 시위가 성공하는지 정해진 공식도 없지요. 아무리 많은 사람이 여러분 뜻에 동의한다고 해도 마찬가지예요. 시위가 성공한다 해도 반드시 여러분이 들고 있는 플래카드에 적힌 대로 이루어지지는 않아요.

시위가 일어나는 방식은 좀 신기해 보이기도 해요. 때로는 어떤 목표를 달성하는 것보다는 운동을 일으키는 것 자체가 승리라고 여겨지기도 하지요. 때로는 오로지 함께 모여서 희망과 기쁨을 잃지 않으려고 시위를 벌이기도 해요. 카를 마르크스는 혁명이란 거의 모든 시간을 땅속에서 살아가는 두더지 같은 것이라고 했어요. 조금씩 꾸준히 앞으로 나아가다 보면, 어느 순간 갑자기 땅 위로 불쑥 올라오게 되지요. 가끔은 아무 일도 일어나지 않는 것처럼 보이지만, 그러는 사이에도 세상은 꾸준히 발전적으로 변하고 있어요.

우리는 첫 시위에 참여한 뒤로 저항하는 방법에는 온갖 다양한 형태가 있다는 걸 알게 되었어요. 춤을 추고, 식당에 앉아 자리를 지키고, 스스로 상자에 들어가 우편으로 발송되기도 하고, 텔레비전을 수레에 실은 채 거리를 돌아다니고, 식물을 기르고, 산에서 야영하고, 노래 부르고, 빵을 막대기 끝에 꽂아 돌아다니고…. 이 모든 일이 역사의 흐름을 바꿔 놓았지요. 저항 운동은 스스로 끊임없이 변신하는 창의적인 예술이에요. 물론 그 중심에는 사람들이 함께 모여 진실을 말하고 세상을 변화시키려는 뜻이 담겨 있지요.

역사에 남은 유명한 저항 운동에는 유명한 사람들의 이름이 함께 따라다녀요. 마틴 루서 킹이나 마하트마 간디 같은 인물은 지도자로서 운동을 이끌며 훌륭한 사상을 전파했지요. 하지만 그들도 가장 중요한 집단적 노력에 힘을 보탠 한 개인일 뿐이에요.

이 책에 나오는 이야기의 진짜 영웅은 함께 모여서 행동한 모든 사람이에요. 역사 속으로 들어가 세상을 바꾼 것은 그들의 이름이 아니라 행동이지요. 이 행동 하나하나가 소중한 여러 권리를 향한 오랜 싸움에서 돌파구를 마련하고, 여성 참정권과 하루 8시간만 일할 권리를 얻어 내고, 독재 정부를 끌어내리며 여러 나라에 해방을 가져왔어요.

이 책의 다음 장은 여러분이 쓰게 될 거예요.

2020년 앨리스 하워스부스와 에밀리 하워스부스

이 책을 읽는 어린이 여러분께

이 책은 어느 특정한 지역이나 나라의 전체 역사(통사), 또는 저항의 역사를 시간순으로 서술한 책이 아니에요. 주로 비폭력에 초점을 맞춘 저항 운동 가운데 이미 유명하거나 덜 알려진 사건들을 몇 가지 주제로 묶어서 보여 주지요. 그리고 몇 가지 저항 운동만 골라서 역사적 맥락과 전개 과정을 깊이 있게 서술하기보다는, 아주 다양한 모습으로 펼쳐질 수 있는 저항 운동의 가능성을 보여 주려고 폭넓게 접근했어요. 그래도 책에 미처 담지 못한 저항 운동이 훨씬 더 많아요. 저항의 역사는 세계의 역사만큼이나 오래되었기 때문이지요. 수많은 저항 운동이 역사에 공식적으로 기록되지 않았어요. 대중들이 저항한 역사에 대해 아는 것이 권력자들에게 유리하지 않았기 때문이에요.

우리는 저항 운동에 참여한 사람들의 관점으로 사건을 바라보면서, 우리가 공감하는 바에 따라 이 책을 써 내려갔어요. 저항 운동에는 여러 가지 목표가 있는데 우리가 이 모든 목표에 동의하는 것은 아니에요. 이 책은 많은 사람에게 영감을 주기 위해 썼으므로, 대체로 민주주의와 인권을 지향하고 억압에 맞서는 사람들의 이야기를 골랐어요.

계속 반복되어 일어나는 저항 운동을 다룬 장이나 주제에 맞춰 묶은 장은 시간순으로 쓰기도 했어요. 읽고 싶은 내용을 골라서 읽어도 되고, 처음부터 끝까지 차례차례 읽어 가도 좋아요. 책에 나오는 저항 운동이 미래에 어떤 운동으로 다시금 되살아나는지도 살펴보세요. 각 장마다 마지막에 나오는 '특별한 전략'에서는 연극이나 노래, 식물 기르기 같은 특별한 방식으로 저항 운동을 벌인 이야기를 모아 놓았어요.

여러분이 어느 사회에 사는지에 따라 저항 운동을 접한 경험이 사뭇 다를 수 있어요. 우리 책에는 저항 운동이 금지된 곳에서도 창의적인 방법을 찾아 안전하고도 성공적으로 시위를 벌인 이야기가 많지만, 행복한 결말로 끝나지 못하고 경찰이나 국가의 폭력으로 큰 희생을 치른 이야기도 있어요. 따라서 저항 운동에는 때로 위험이 따를 수도 있다는 것을 꼭 알아야 해요.

그래서 경험이 풍부한 활동가들은 관련 법률에 대해 미리 잘 알아 둘 뿐 아니라 언제나 철저히 조사하여 준비하지요. 저항 운동은 그만큼 신중해야 한다는 걸 잊지 않길 바랍니다.

제 1 부

시위의 시작
"자, 여기 앉읍시다!"

고대 세계

우리에게 먹을 것을 달라!
세계 최초 이집트 피라미드 노동자들의 파업, 기원전 1170년

이집트의 파라오(왕)였던 람세스 3세는 끊임없이 피라미드를 짓고 싶어 했어요. 이집트에서는 파라오가 죽으면 거대한 무덤인 피라미드에 묻혔는데, 그 안에 재산을 함께 넣으면 사후 세계로 가져갈 수 있다고 믿었지요. 람세스 3세는 보물이 너무 많아서, 죽기 전에 피라미드를 다 짓지 못할까 봐 몹시 걱정되었어요.

하지만 피라미드를 짓는 노동자들에게는 훨씬 심각한 걱정거리가 있었어요. 모래바람이 이는 땡볕에서 엄청나게 큰 돌덩어리와 종일 씨름하는 아주 고된 일을 하는데도 먹을 것을 충분히 주지 않았거든요. 어느 뜨겁고 먼지 자욱한 날, 피라미드 노동자들은 마침내 더는 참을 수가 없어서 일하던 자리에 그대로 앉아 음식을 충분히 줄 때까지 일하기를 거부했지요. 이 간단한 최초의 '연좌 농성'이 역사를 바꾸었답니다.

피라미드 노동자들의 연좌 농성은 역사상 가장 오래된 파업으로 기록에 남았어요. 이 방법은 효과가 커서 그 뒤로도 계속 쓰였지요. 노동자들이 힘을 모아 파업을 벌이면 고용주보다 더 강력한 힘을 가질 수도 있다는 걸 알게 되었으니까요. 오늘날에도 전 세계 노동자들은 종종 파업으로 원하는 권리를 얻어 내고 있답니다.

모두 어디로 갔지?
로마 평민들의 철수 투쟁, 기원전 494~287년

로마도 이집트처럼 매우 불평등한 사회였어요. 권력을 가진 소수의 부유한 귀족들이 그들만을 위해 크고 작은 모든 결정을 내렸거든요. 귀족이 아닌 대다수의 평민들은 농사를 짓거나 가축을 기르거나 건물을 세우거나 가게를 운영했고, 군대에 들어가 전쟁터에서 싸우기도 했어요. 평민들은 살아가는 데 꼭 필요한 수많은 일들을 하며 로마 사회를 유지했지만, 로마를 운영하는 과정에 참여하거나 그들의 권리를 주장할 수 없었지요.

평민들은 점차 자신들을 위해 무언가 행동해야 한다는 '연대 의식'을 갖게 되었어요. 서로의 고통이나 어려움에 공감하고 지지해 주었지요. 그래서 평민의 권익을 옹호하고, 귀족들만의 결정을 거부할 권한을 갖기 위해 힘을 합쳐 맞서기로 했어요.

평민들은 모두 한꺼번에 도시를 비우는 '철수 투쟁'을 결심했어요. 그러면 귀족들이 그들의 도움 없이 살아가는 게 얼마나 힘든지 알 수 있을 테니까요. 마침내 어느 날, 평민들은 다 함께 로마에서 가까운 산으로 떠나 버렸어요. 귀족들이 찾아와 평민들의 말에 귀 기울일 때까지 꿈쩍도 하지 않았지요. 결국 귀족들은 산으로 찾아와 평민들이 원하는 대로 제도를 바꾸는 데 동의할 수밖에 없었어요. 그렇게 해서 로마 평민들은 세계 최초로 자신들을 대표하여 생명과 재산을 지키는 '호민관'을 뽑게 되었고, 귀족들과 나란히 모여 중요한 일을 결정할 수 있게 되었답니다.

로마 평민들은 철수 투쟁을 몇 차례 더 반복했고, 그때마다 더 많은 권리를 얻어 냈어요. 귀족과 차별받지 않는 공정한 법 제도, 서로 다른 계급끼리 결혼할 권리, 평민도 정부에서 최고 책임자로 뽑힐 권리 같은 것들이었지요.

마음껏 꾸밀 권리를 달라!
로마 여성들의 시위, 기원전 195년

로마에서 여성의 삶은 그야말로 고달팠어요. 돈이 많은 사람이든 가난한 사람이든 상관없이 남자들이 정한 대로 살아야 했기 때문이에요. 로마가 칸나이 전투에서 카르타고에 패배한 뒤로, 로마 남자들은 '오피우스 법'을 발표했어요. 여자들이 금이나 보석 장신구를 걸치고 밝은색 옷을 입지 못하도록 하는 법이었지요.

여성에게 옷은 그저 몸을 보호하기만 하는 헝겊이 아니었어요. 특히 부유한 여성들에게 옷차림은 그들이 남편만큼이나 중요한 사람임을 보여 주어 존경과 대우를 받기 위한 과시의 수단이었지요. 물론 평민이나 노예 계급의 여성들에게는 상관없는 얘기였어요.

여성들은 20년 동안이나 정해진 법대로 좋은 옷과 장신구를 걸치지 않고 참았어요. 그러다가 마침내 전쟁이 끝나고 경제 위기도 지나가자, 이제 드디어 마음껏 꾸밀 수 있겠다며 잔뜩 기대했지요. 하지만 남자들에게 이 문제는 관심 밖의 일이었어요. 참다못한 여성들은 시내로 뛰쳐나가 거리를 가득 메우고 남자들이 지나가지 못하게 길을 막으며 금지를 풀라고 요구했지요. 마침내 남자들은 여성들의 끈질긴 요구에 손을 들었어요. 여성들은 결국 원하는 대로 예전처럼 차려입고 꾸밀 수 있게 되었답니다.

소리

특별한 전략

노랫소리부터 북소리까지, 깊은 침묵부터 큰 소란까지, 사람들은 소리를 이용해서 마음을 모으고 희망을 되찾고 자신들의 목소리를 전하려 노력했어요.

중세 교회의 종, 1300년대

영국의 농민 반란 시기에는 교회의 종이 새로운 목적으로 쓰였어요. 멀리까지 울려 퍼지는 종소리를 이용해 농민들을 마을 광장으로 불러 모았지요.

노래 운동, 1991년

에스토니아, 라트비아, 리투아니아를 일컫는 '발트 3국'은 1940년 소련에 합병된 뒤로 오랫동안 독립을 위해 싸웠어요. 특히 엄청난 군중이 민족의 정체성을 담은 노래를 함께 부르며 독립을 꿈꾸었지요. 세 나라는 꺾을 수 없는 노래 운동으로 기세를 모으고 이어 가 마침내 독립을 이루었어요.

쓰레기통 음악, 2015년

시리아에서는 가두시위를 하면 잡혀갈 수 있어 위험해요. 그래서 사람들은 다마스쿠스 시내 곳곳에 있는 쓰레기통 속에 아주 작은 스피커를 숨겨 두었어요. 경찰은 여기저기에서 울려 퍼지는 불법 시위 음악을 끄려 쓰레기 더미를 뒤지고 다녀야 했답니다.

네다, 2009년

'네다'라는 이란의 대학생이 시위 중에 목숨을 잃었어요. 사람들은 네다의 죽음을 슬퍼하며 함께 추모하고 싶어 했지만, 정부는 네다에 관해 이야기를 나누면 불법이라고 정해 버렸지요. 그러자 사람들은 네다가 이란의 유행가에 자주 나오는 흔한 여성 이름이라는 걸 떠올렸어요. 그래서 이 이름이 나오는 노래를 앞다투어 벨 소리로 선택했고, 전화벨이 울릴 때마다 네다를 기억하게 되었지요.

푸시 라이엇, 2012년

요란스러운 옷을 차려입은 젊은 여성 밴드가 러시아 모스크바 구세주성당에 몰려 들어가 시끌벅적한 펑크 음악을 연주했어요.
푸시 라이엇은 금세 성당에서 쫓겨나 감옥에 갇혔지만 이 일로 밴드는 더 유명해졌지요. 페미니즘과 성 소수자의 권리를 주장하고, 자유를 억압하는 권력에 저항하는 이들의 목소리가 널리 퍼지는 계기가 되었어요.

자유의 노래, 1800년대

아메리카 대륙의 대규모 플랜테이션 농장에 노예로 끌려간 아프리카인들은 저항의 노래 '흑인 영가'를 함께 부르며 희망의 끈을 놓지 않았어요. 때로는 함께 세차게 맞서자거나 탈출 경로를 알려 주는 비밀 메시지를 노래에 담기도 했지요. 널리 불렸던 〈부드럽게 흔들리는 전차〉라는 노래에는 숨겨진 뜻이 있었는데, 노랫말 속의 '전차'는 노예를 구출하는 비밀 조직 '지하 철도'를 가리켰다고 해요.

혐오 연설을 뒤덮는 재즈 음악, 2020년

덴마크의 정치인 라스무스 팔루단이 이슬람교도를 혐오하는 연설을 하고 다니자, 재즈 음악 연주자들은 음악으로 그 목소리를 덮어 버리기로 했어요. 팔루단이 연설할 때마다 연주자들은 악기를 들고 가서 팔루단의 목소리보다 더 크게 연주했지요. 이들은 스스로를 덴마크에서 '가장 규모가 클지도 모르는 밴드'이자 '시끄러운 음악의 전문가'라고 자부했어요. 이 밴드는 악기를 연주하는 방법을 알든 모르든 누구나 함께할 수 있어서 팔루단을 제외한 모두가 함께할 수 있었지요.

침묵의 행진, 1917년

백인과의 동등한 권리를 요구하던 미국의 흑인 운동 역사에서 최초의 시위 방법 가운데 하나는 침묵의 행진이었어요. 구호도 노래도 없이 어둡고 무거운 북소리만 울려 퍼지는 가운데, 1만 명의 흑인 남자와 여자와 아이 들이 뉴욕 거리를 행진했지요. 이 소리 없는 행진은 인종 차별로 살해당한 사람들을 추모하는 슬픔이 얼마나 무겁고 커다란지 일깨워 주었어요.

제 2 부

새로운 세계로의 출발

"구시대는 불구덩이에
내던져졌다!"

중세 시대

이 마을의 주인은 누구?
인도 칼라브라 왕국 마을 사람들의 반란, 250~690년

인도 남부에 위치한 칼라브라 왕국의 군주들은 여러 전쟁에서 충성스럽게 싸운 전사들에게 상을 내렸어요. 그중 최고의 상은 바로 마을 하나를 통째로 내주는 것이었지요. 그런데 한번 땅을 상으로 내리기 시작하니 그만두기가 어려웠어요. 스승과 성직자를 비롯해 너무 많은 이들이 땅을 상으로 받아 갔지요.

땅을 차지하게 된 이들은 대부분 아주 만족스러워했어요. 하지만 마을에서 오랫동안 살아온 주민들은 그렇지 않았지요. 새 땅 주인들이 마을 사람들에게 예전처럼 살고 싶으면 대가를 치르라고 요구했거든요. 누구나 마음껏 가축을 풀어 기르던 풀밭은 물론이고, 고기 잡던 냇물, 목재와 과일을 얻던 숲에 이르기까지 모두 비용을 내야만 쓸 수 있었지요.

땅 주인들은 마을 사람들이 이런 변화를 못마땅해한다는 걸 알아챘어요. 그래서 스승 혹은 성직자라는 지위를 이용해서 괴상한 소문을 퍼뜨렸지요. 새로 바뀐 제도에 따르지 않으면 신에게 벌을 받을 거라고 말이에요.

마을 사람들은 이들의 말에 속아 넘어가지 않고, 힘을 합쳐서 땅 주인을 판관 앞에 세웠어요. 그럼 판관은 그동안 얼마나 불공평한 일이 벌어졌는지 잘 알아보고 바로잡아 주었을까요? 땅 주인들에게는 높은 자리에 있는 지인이 많았는데 판관도 그들의 친구였어요. 그래서 판관들은 마을 주민들의 어려움을 해결해 주기는커녕 도리어 땅 주인들을 위해 법을 고쳤고, 주민들은 땅을 이용하기가 더 어렵게 되었지요.

화가 난 마을 사람들은 더 굳게 마음먹고 별렀어요. 그러던 어느 날, 칼라브라 왕국의 군주가 마을로 온다는 소식이 들려오자 마을 사람들은 마치 환영하는 것처럼 잔뜩 몰려갔지요. 그러다 군주가 도착하자 이내 격렬한 시위를 벌였답니다.

마을 사람들은 결국 땅을 되찾았어요. 하지만 훗날에는 그들도 욕심 사나웠던 땅 주인만큼이나 힘없는 주민들에게 인정사정없이 행동했지요. 칼라브라 왕국 이야기는 약자였던 사람들이 권력을 얻는다고 반드시 그들이 이겨왔던 때를 기억해 힘없고 가난한 사람들을 돕지도, 모든 게 다 좋아지는 것도 아니라는 것을 가르쳐 줘요.

귀족 뜻대로만 따를 순 없어!
독일 농민 전쟁, 1524년

16세기 독일 귀족들은 그들이 세상에서 가장 중요한 사람이라고 생각했어요. 그래서 농부들을 무시해 함부로 대하거나 행동하는 일이 많았지요. 그러던 어느 날, 루펜 백작 부인은 자수 실을 감아 둘 실감개가 다 떨어졌다며 호들갑을 떨었어요. 그래서 당장 모든 농사일을 멈추고 실감개로 쓸 달팽이 껍데기를 찾아오라며 루펜 가문의 영지에 사는 농부들에게 다짜고짜 명령했지요.

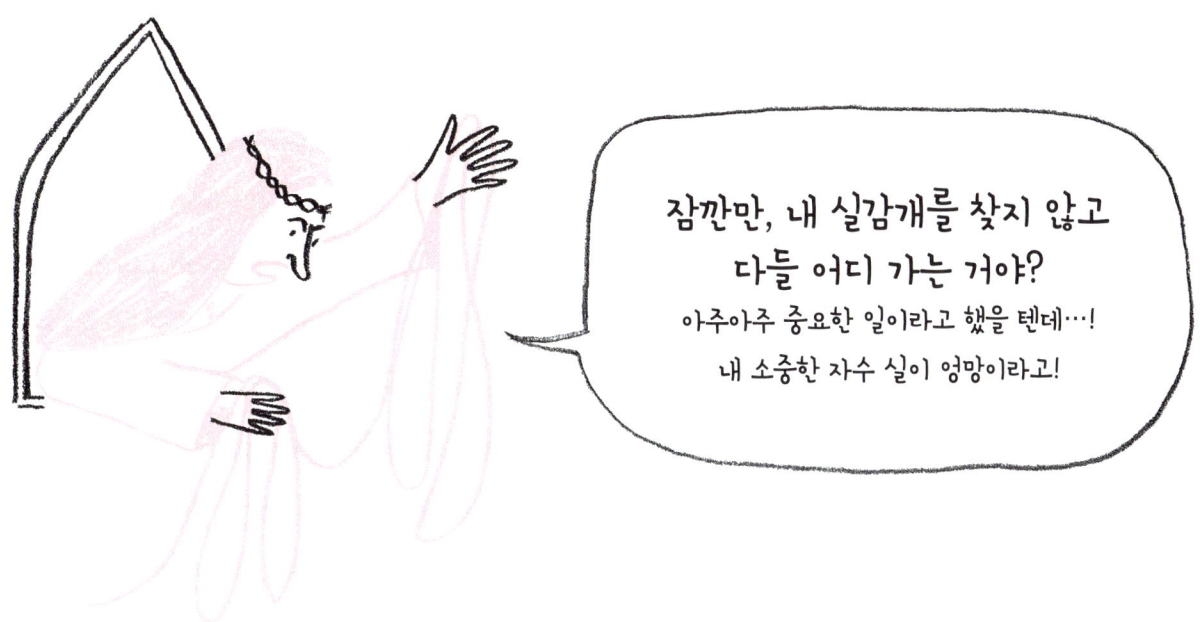

농부들은 그동안 참을 만큼 참았어요! 귀족들의 명령에 복종하며 농부로 살아가는 게 너무나 고달팠지요. 자유롭게 일할 수 있기는커녕, 귀족 집의 똥까지 치우는 불쾌한 일도 꾹 참아야만 했으니까요. 게다가 주인 없는 땅에서는 자유롭게 사냥하고, 낚시하고, 나무를 벨 수도 있었는데 그런 권리조차 귀족들에게 빼앗기자 농민들은 귀족의 명령을 거부하기로 했지요. 그래서 함께 모여 이웃 마을로 행진해 갔고, 가는 동안 같은 생각을 가진 사람들이 점점 더 많이 함께하게 되었어요. 농민들은 자유를 찾아 나아가겠다는 그들의 뜻을 표현하기 위해 신발을 막대기에 매달고 행진했지요.

농민들은 힘을 모아 귀족에 저항하자는 비밀 메시지를 퍼뜨렸어요. 마침 얼마 전에 가까운 곳에서 인쇄기가 발명된 덕분에 농민들은 그들의 주장을 종이에 인쇄해서 손쉽게 널리널리 퍼뜨릴 수 있었지요. 농민들은 새로운 방법으로 그들의 주장을 선전했고, 농민도 스스로 글을 읽고 생각할 수 있다는 것을 귀족들에게 보여 주었어요.

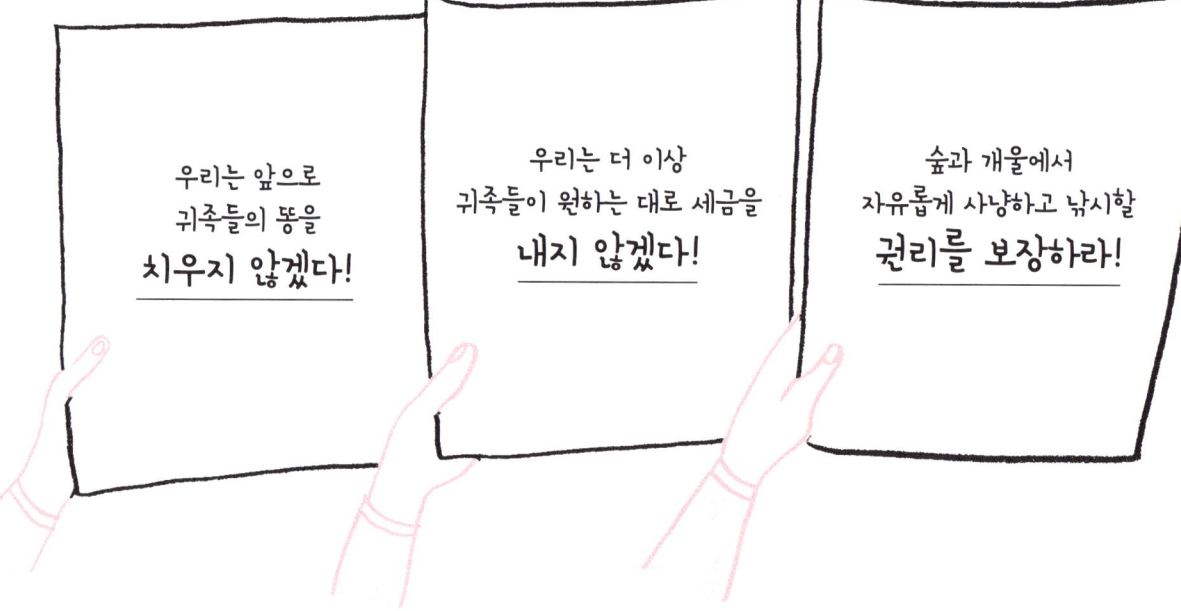

농민들의 저항이 점점 더 거세지자 루펜 백작은 슬슬 걱정이 되었어요.

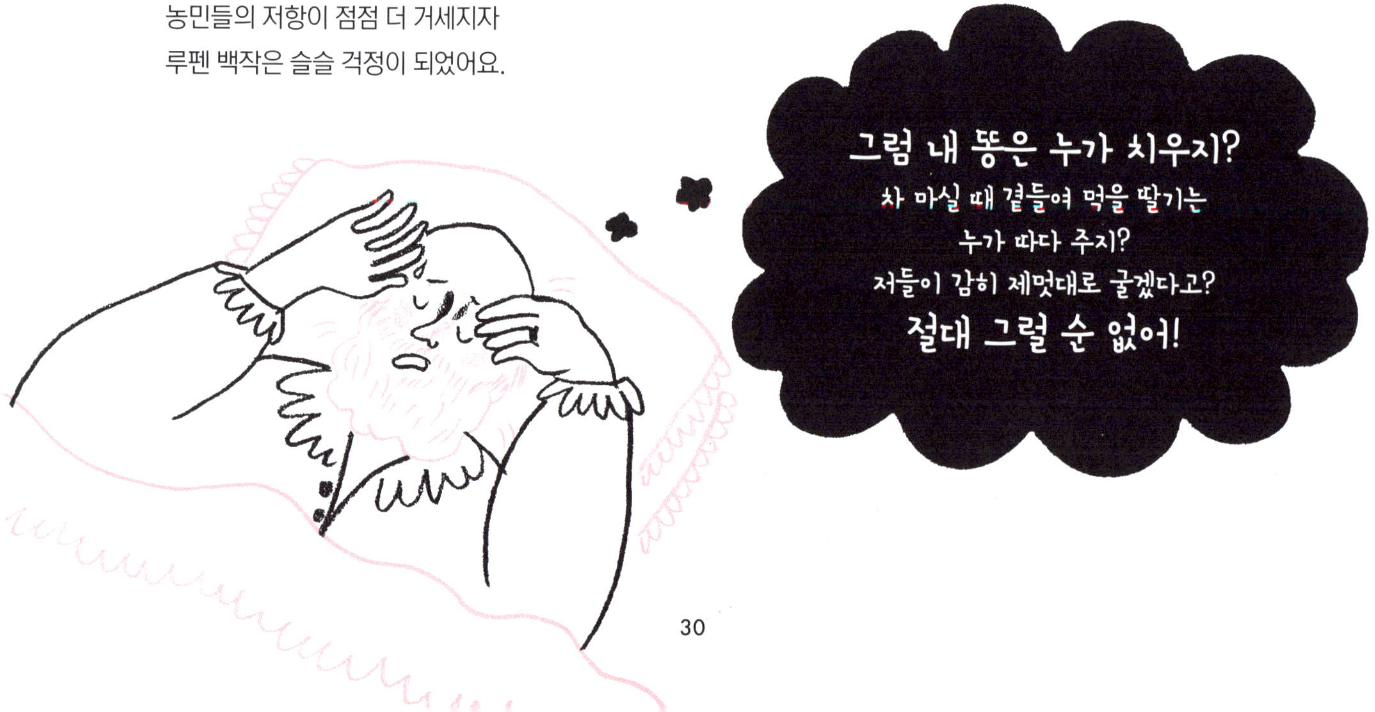

그럼 내 똥은 누가 치우지?
차 마실 때 곁들여 먹을 딸기는
누가 따다 주지?
저들이 감히 제멋대로 굴겠다고?
절대 그럴 순 없어!

루펜 백작은 농민들의 반란이 더 심해지지 않도록 뭐라도 하는 게 좋겠다고 생각했어요. 그래서 몇 가지 규칙을 바꾸겠다고 합의안을 만들었지만, 농부들이 받아들일 수 없는 이상한 규칙이 너무 많았어요. 백작은 사실 아무것도 바꾸고 싶지 않았지요. 그저 농민들을 잠시 좀 진정시켜서 시간을 번 다음, 그사이 군대를 모아 진압할 생각뿐이었어요. 농민들은 결국 합의안을 받아들이지 않았고, 시위를 벌이면서 수많은 농부가 죽었지만 저항을 멈추지 않았어요.

피지배층이었던 농민들이 귀족과 봉건 영주 들에게 무력으로 맞서면서 여러 귀족 가문의 성이 파괴되었지만, 그 뒤로도 귀족들은 몇백 년 동안 권력을 유지했어요. 하지만 독일 농민들이 일으켰던 투쟁의 정신은 사라지지 않고 그대로 살아남아 수백 년에 걸쳐 유럽 사회를 근본적으로 변화시켰지요.

땅을 일구며 새로운 세상을 꿈꾸다
영국의 레벌러스와 디거스, 1640년대

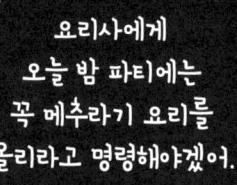

1640년대 영국은 아주 혼란스러웠어요. 흉년이 든 데다, 나라 안에서 일어난 왕과 의회 간의 싸움으로 인해 모두가 큰 고통을 겪었지요. 그로 인해 사람들은 당연하다고 여겼던 낡은 가치에 의문을 품고 새로운 세상을 꿈꾸게 되었어요. 그래서 "구시대는 불구덩이에 내던져진 양피지처럼 활활 타올랐다."*는 말이 떠돌았지요.

왕은 자신에게 주어진 권력을 신이 내린 것이라고 굳게 믿었어요. 하지만 점점 사람들은 왕이 뭐든지 원하는 대로 하려는 구실일 뿐이라고 여기게 되었지요. 그리고 1640년대에 이르러 왕은 사방에서 권위에 도전받기 시작했어요. 먼저 장군과 영주 들은 왕이 아닌 의회가 나라를 다스려야 한다고 주장했지요. 그런가 하면 장군과 영주 들의 권위에 도전하는 사람들도 있었어요. 그 가운데 가장 급진적인 주장을 펼친 두 집단이 바로 '레벌러스'와 '디거스'였지요.

'평등파(수평파)'라고도 하는 레벌러스는 모든 사람이 평등하게 대우받아야 한다고 주장했어요. 그들은 권력이 민중에게서 나오고 모두에게 투표할 권리가 있으며, 빼앗긴 땅을 돌려받아야 하고, 각자 원하는 종교를 믿을 수 있어야 한다고 주장했지요. 레벌러스는 이런 주장을 담아 선언문을 만들고 직접 신문도 발행했어요. 레벌러스의 일원은 모자에 로즈메리 가지를 꽂고 청록색 리본을 달고 다녀서, 이들이 사무실이라고 부르던 런던의 대중 주점에서 모임이 있을 때면 서로 한눈에 알아볼 수 있었지요.

레벌러스는 아주 탄탄한 조직을 바탕으로 그들이 이루고 싶은 사회를 꿈꾸며 다양한 생각을 나누었어요. 그런데 이런 생각을 직접 실천으로 옮긴 집단이 바로 디거스였지요.

레벌러스   디거스

* 디거스를 이끌던 제러드 윈스턴리가 한 말로 알려져 있어요.

어느 일요일, 디거스 사람들은 모두가 교회에 가 있는 동안, 버려져 있는 공유지로 가서
땅을 파기 시작했어요. 디거스는 '땅을 파는 사람들'이라는 뜻이에요.

이들은 누구도 권력을 내주지 않는다면 스스로 권력을 만들면 된다고 생각했어요.
그리고 스스로 힘을 기르기 위해 땅에 옥수수와 채소를 심기 시작했지요.

> 땅은 몇몇 사람에게만 보물을 내주며 편히 살도록 보호하는 존재인가,
> 아니면 땅이 낳은 모든 것을 보호하는 존재인가?

제러드 윈스턴리

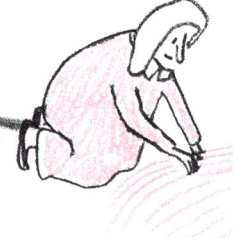

디거스는 땅이 '모든 사람을 위한 공동 창고'라 믿었고,
함께 밭을 일구면서 세상을 원하는 모습으로 바꾸어 나가고자 했어요.

영주들은 디거스 무리가 공유지에 모여 사는 모습을 보고는,
언젠가 자기들을 위협할 수도 있다며 공격했어요.

디거스는 일 년 내내 이어진 영주들의 공격을 가까스로 물리쳤지만 결국 쫓겨나고 말았어요.

비록 끝까지 버티지는 못했지만, 이들의 생각은
굳건히 살아남았어요.

레벌러스가 나라를 다스릴 새로운 헌법으로 정리한 '인민협정' 초안은
백여 년 뒤에 '미국 독립 선언문'의 기초가 되었지요.

디거스는 공정한 사회를 바랐고 직접 실현해 보았지요.
꿈꾸던 이상 사회를 살아 본 경험은 결코 무시할 만한 작은 일이 아니에요.

디거스의 운동은 겨우 일 년밖에 지속되지 못했지만, 상상을 현실로 만든 중요한 경험이었답니다.

식물 기르기

특별한 전략

독일의 종교 개혁가 마르틴 루터는 "내일 세상에 종말이 오더라도, 나는 사과나무 한 그루를 심겠다."고 말했어요. 여러 활동가들은 정원을 가꾸고 꽃과 나무를 심으면서 희망을 되찾고 변화를 일으켰어요.

그린 게릴라, 1970~1990년대

'그린 게릴라'라는 단체는 미국 뉴욕에서 빈 공유지를 공동 정원으로 바꾸는 운동을 펼쳤어요. 덕분에 지역 주민들이 살기 좋은 환경이 되자, 뉴욕 시장은 되레 이 땅을 팔아서 돈을 벌려고 했지요. 그린 게릴라는 도로를 막은 다음, 거리에 식물을 늘어놓고 아이들에게 씨앗을 나누어 주며 곳곳에 심도록 했어요. 몇 시간 동안 거리는 통째로 정원이 되었지요. 이 유쾌한 활동으로 도시 전체가 그린 게릴라의 편이 되었고, 결국 공동 정원을 지켜 낼 수 있었답니다.

황금 밀밭, 1982년

미국 자본주의의 상징인 세계 무역 센터가 뉴욕에 지어진 뒤로 그 근처의 값비싼 땅이 줄곧 버려져 있었어요. 현대 미술가 아그네스 데네스는 그 빈터에 실제 황금빛 밀밭을 가꾸는 것을 다음 작품으로 구상했지요. 그래서 몇몇 사람들과 함께 뉴욕 금융가 한복판에서 밀을 키웠고 마침내 수확했어요. 아그네스 데네스는 이곳에서 거둔 밀알을 전 세계에 순회전시하며 자본주의가 만들어 낸 불평등과 굶주림에 대한 메시지를 전했어요.

민중 공원, 1972년

미국 캘리포니아 대학교 버클리 캠퍼스에는 버려진 작은 땅이 있었어요. 학생들은 이 땅을 공원으로 만들고 싶어 했지만 오래도록 허가가 나지 않았지요. 기다리다 지친 학생들은 스스로 이곳에 정원을 가꾸고, 정치와 베트남 전쟁 문제를 토론하는 공간으로 삼았어요. 이를 알게 된 정부는 군대를 보내 공원을 막아 버렸지요. 처음에는 시위가 격렬하게 벌어져 수많은 이들이 다쳤어요. 하지만 다시 군대가 왔을때 시위대 3만 명은 군인들에게 인사하며 데이지꽃을 한 송이씩 건넸지요. 덕분에 군대는 평화롭게 떠났고, 아무도 다치지 않았어요. 공원은 오늘날에도 '민중 공원'이라는 이름으로 남아 있답니다.

게릴라 가드닝, 2000년대

주인이 없거나 버려진 땅에 정원을 가꾸는 '게릴라 가드닝' 운동은 오래전부터 세계 곳곳에서 있었어요. 영국 런던에 사는 리처드 레이놀즈는 어느 날부터 아파트에 버려진 화분에 꽃을 가꾸기 시작했지요. 그다음에는 가까운 교차로 한가운데에 꽃을 심었어요. 곧 다른 사람들도 함께하며 도움이 필요한 곳이면 어디든 꽃삽을 들고 달려갔지요. 정원 운동가들은 공항 활주로를 짓기 위해 통째 불도저로 밀어붙일 위험에 놓인 십슨 마을에서도 적극 활약했어요. 주민들과 함께 마을 빈터에 정원을 가꿈으로써 아무도 마을을 떠나지 않겠다는 굳은 다짐을 보여 주었지요. 몇 년에 걸친 시위 끝에 활주로 건설 계획은 취소되었답니다.

바나나 농장에 뿌린 씨앗, 1995년

온두라스 타카미체에 있는 바나나 농장의 농부들은 엄청난 노동량에 비해 너무 낮은 임금을 받자 파업을 벌였어요. 바나나 회사는 이에 맞서 아예 농장을 팔아 넘기는 것으로 문제를 해결하려 했지요. 농장이 일터이자 집이었던 농부들은 바나나 농장에 농작물 씨앗을 뿌리기 시작했어요. 바나나 회사에서는 불도저로 모든 것을 밀어 버리려 했지만, 농부들은 끝까지 땅과 농작물을 지켰지요. 결국 회사와 정부는 이들에게 농사도 짓고, 고기를 잡으며 살 수 있는 땅을 내주고 새 마을도 지어 주었답니다.

그린벨트 운동, 1970년대 이후

왕가리 마타이라는 여성은 케냐의 산림 파괴를 막으려고 그린벨트 운동을 시작했어요. 여성 농부 수백 명과 함께 나무를 심어, 땅이 사막으로 변하지 않도록 지켜 냈지요. 나무 심기 운동은 점점 환경 보호 운동을 넘어서 부패한 정부와 맞서 싸우는 사회 운동으로 발전했어요. 마타이는 그린벨트 운동으로 3천만 그루가 넘는 나무를 심었고, 정부와 거대 회사의 무분별한 개발을 물리치며 땅을 보호했지요. 그 뒤로 케냐에서 나무는 민주주의의 상징이 되었답니다.

제 3 부

아주 오래된 새로운 땅

"추악한 것을 카펫처럼
돌돌 말아 버려라!"

원주민과 노예의 저항

유령 춤을 추며 저항하다
아메리카 원주민의 유령 춤, 1890년대

1400년대에 유럽인들이 탄 배가 처음으로 아메리카 대륙에 도착한 이래로, 유럽에서 끊임없이 이주민들이 몰려와 이 땅을 짓밟았어요. 유럽 이주민들은 아메리카 대륙을 '신대륙'이라고 일컬었지만, 사실은 전혀 새로운 땅이 아니었지요. 수천 년 전부터 사람이 살고 있었으니까요. 하지만 유럽 이주민들은 아무도 살지 않는 낙원을 발견했다는 환상에 사로잡혀 있었어요. 이들은 점점 아메리카 대륙 서쪽으로 나아가면서 원주민의 삶과 땅을 망가뜨렸지요. 1800년대에 이르자 유럽 이주민들은 전 아메리카 대륙에 그들의 새로운 생활 방식을 퍼뜨리며 강요하고는 땅과 특별한 관계를 맺고 살아가는 원주민 부족의 흔적을 낱낱이 지워 버리려 했어요.

유럽 이주민들은 인정사정없이 땅을 빼앗으면서 잔인한 짓도 서슴지 않았어요. 일부러 전염병을 퍼뜨려 마을 주민들의 목숨을 통째로 빼앗고, 원주민이 고기와 가죽을 얻는 물소(버펄로)가 농작물을 해친다며 함부로 잡아 죽였지요. 또 원주민 아이들을 기숙 학교에 보내어 부모들이 모르는 말을 쓰도록 강요했어요. 결국 원주민 족장은 이주민들의 협박을 이기지 못하고 그들의 땅에서 살 권리를 포기하는 조약에 서명했지요. 그 뒤로 원주민들은 보호 구역 안에서만 살아가야 했고, 고유문화와 생활 방식을 누릴 수 없게 되었어요.

하지만 원주민들도 그저 당하고 있지만은 않았어요. 이주민들의 위협을 피해 달아나거나 무기를 들고 싸우기도 했고, 때로는 여러 가지 비폭력 방식으로 저항하기도 했지요. 가장 강력한 비폭력 저항 방법 가운데 하나가 '유령 춤'이었어요. 파이우트족의 예언자 워보카는 이 땅에서 이주민들이 사라지고, 원주민들이 오랜 삶의 방식을 되찾아 다시 번성하는 환영을 사람들에게 전했지요. 원주민들은 한자리에 모여 춤을 추면서 이 환영을 나누었어요.

"땅이 카펫처럼 들리며 백인이 만든 온갖 추악한 것들을 돌돌 말아 버릴 것이다. 구역질 나는 새로운 동물들, 양과 돼지, 울타리, 전신주, 광산, 공장 들을. 그 아래서 아주 오래된 새 세상이 모습을 드러낼 것이다. 비곗덩어리 백인들이 나타나기 전의 세상이. 백인들은 돌돌 말려 사라지고 그들의 대륙으로 돌려보내지리라."*

* 라코타족 지도자 '레임 디어(절룩이는 사슴)'가 워보카의 환영을 묘사한 내용이다.

원주민들이 유령 춤을 춘 건 단지 이주민들에게 복종하지 않겠다는 뜻만은 아니었어요. 함께 춤추며 환영을 나누다 보면, 이주민들에 대한 존재를 잊게 해 주었거든요. 유령 춤은 점차 저항으로 발전했고, 원주민들은 백인 마을에서 멀리 떨어진 외진 곳에서 이주민 문화를 거부하며 살게 되었지요. 그래서 영어로 말하지 않았고, 교회와 학교에도 가지 않았어요. 백인처럼 머리를 짧게 자르지도, 옷을 입지도 않았지요. 하지만 춤추는 일만은 멈추지 않았어요. 이렇듯 원주민들이 모든 일에 협조하지 않자, 이주민들은 불안해했지요.

이주민들에게 복종하지 않는 원주민들의 모습은 전쟁보다 더 위협적으로 느껴졌어요. 결국 이주민들은 군대를 보내어 '운디드 니(상처 입은 무릎)' 강가에 모여 춤추는 원주민들을 에워쌌지요. 그리고 유령 춤을 추던 3백 명이 넘는 원주민들은 후손들의 기억에 영원히 지워지지 않을 만큼 비인간적으로 살해되었어요.

아메리카 원주민들은 백인에게 빼앗긴 것을 대부분 영영 돌려받지 못했어요. 그래도 유령 춤을 추며 저항한 일이 헛되지만은 않았지요. 원주민들은 끊임없이 위협을 당해도 그들이 살고 싶은 세상을 꿈꾸었으니까요. 자기들만의 고유문화가 이주민들에게 짓밟혀 사라지지 않도록 상상력의 힘으로 시켜 냈지요.

평화로운 쟁기질 시위
뉴질랜드 마오리족의 저항, 1869년~1890년대

마오리족 사람들은 아름다운 섬 뉴질랜드에서 수백 년 동안 행복하게 살아왔어요. 하지만 유럽에서 온 탐험가들이 이곳 해안에 도착하자 모든 것이 달라졌지요. 유럽 이주민들은 새로운 질병과 끔찍한 무기를 가져왔고, 아메리카 대륙에 정착한 유럽인들처럼 이 땅을 마음껏 차지해도 된다고 여겼어요. 이주민이 늘어나면서 마오리족은 점점 더 큰 고통을 겪었지요.

처음에 마오리족은 땅을 지키려고 힘껏 싸웠지만, 이주민보다 수가 한참 모자라다 보니 수많은 마오리족 사람들이 죽음을 당했을 뿐, 유럽인들에게 섬이 완전히 점령될 처지에 놓였지요. 이 최악의 시기에 마오리족 지도자 테 피티는 어떻게 하면 다른 방법으로 저항할 수 있을지 곰곰 생각해 보았어요.

테 피티는 마오리족 사람들에게 안전하게 살 곳과 농사지을 땅을 제공하려고 만든 공동체 '파리하카'의 지도자 가운데 한 명이었어요. 파리하카 사람들은 유럽인 농장에서 나온 물건은 절대 사지도 쓰지도 않기로 했어요. 대신 각지에서 쟁기를 가지고 모여든 마오리족 사람들이 먹을 것을 직접 길렀지요. 테 피티는 무기를 들지 않는 사람만이 이곳에 머물 수 있다고 말했어요.

어느 날 테 피티는 유럽 이주민에게 중대 발표를 했어요.

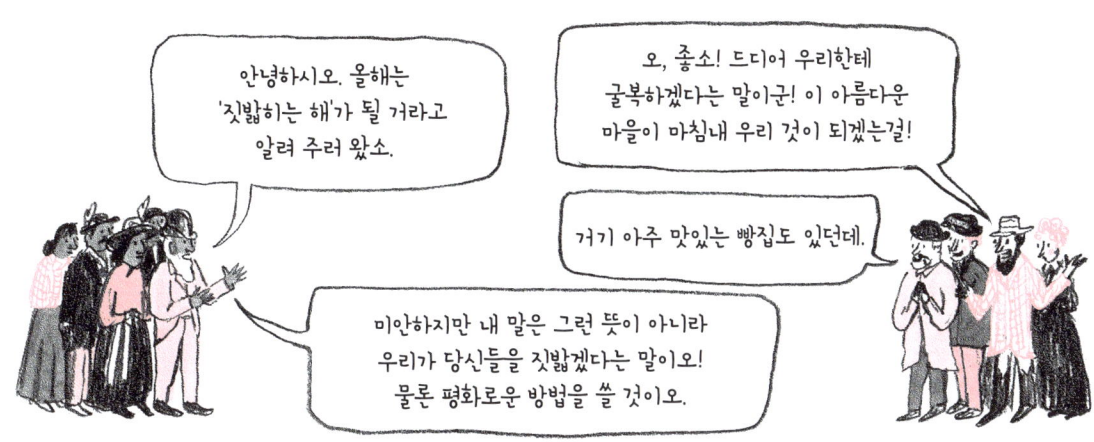

유럽 이주민들은 마오리족이 무기를 들지 않고도 자신들을 짓밟겠다는 말이 믿기지 않았어요. 그래서 편안한 마음으로 만족스럽게 집으로 돌아갔지요. 이주민들은 계속해서 마오리족 땅으로 농장을 확장해 들어갔고, 토지 조사관을 보내어 땅을 측량하고 좋은 땅을 찾아내도록 했어요. 마오리족이 키우는 농작물 한가운데로 마차를 몰고 들어가서 훔칠 만한 땅을 표시하는 일도 서슴지 않았지요.

곧 이주민에게 빼앗기지 않은 땅은 파리하카밖에 남지 않을 지경에 이르렀어요. 파리하카 사람들은 토지 조사관이 오려 하면 한자리에 모여 대책을 세웠지요. 예전 같으면 토지 조사관과 싸워서 쫓아내려 했겠지만, 이제는 평화롭게 저항하고자 훨씬 더 꾀바른 계획을 세웠어요. 토지 조사관이 다른 일을 할 때 몰래 측량 기구를 치우고 천막을 접거나 마차를 먼 곳에다 갖다 두는 식이었지요.

어느 날에는 백인 농장주가 아침에 일어나 평소처럼 하루를
시작하려는데, 뭔가 이상한 느낌이 들었어요.

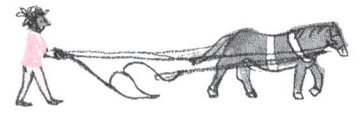

농장주가 밖을 내다보니 파리하카 농부들이 몰려와 빼앗긴 땅에서
말을 끌며 쟁기질을 하고 있었지요.

파리하카 농부들은 백인 농장주는 무시한 채 활짝 웃으며
열심히 쟁기질에 몰두했어요.

이주민들은 쟁기질하는 파리하카 농부들을 체포했지만, 그때마다
다른 파리하카 농부들이 와서 대신 일했어요.

파리하카 사람들은 이주민들이 빼앗은 땅에 끊임없이
울타리를 치고 쟁기질을 하며 평화롭게 저항했어요.
이주민 정부는 체포 작전을 벌이는 데 100만 파운드나
쓴 뒤에야 결국 군대를 보내어 시위를 끝냈지요.

파리하카 사람들은 끝까지 비폭력 저항 방법을 지켰어요.
반격하지 않는 사람들과 어떻게 싸워야 하는지 모르는 군인들은
그들의 대응에 당황할 수밖에 없었지요.

불편했다면 미안!

마오리족은 결국 모든 땅을 돌려받지 못했지만, 고유문화와
생활 양식은 지켜 낼 수 있었어요. 아마도 이 창의적인 저항 덕분에
마오리족의 문화가 살아남았을 거라고 여겨지지요.

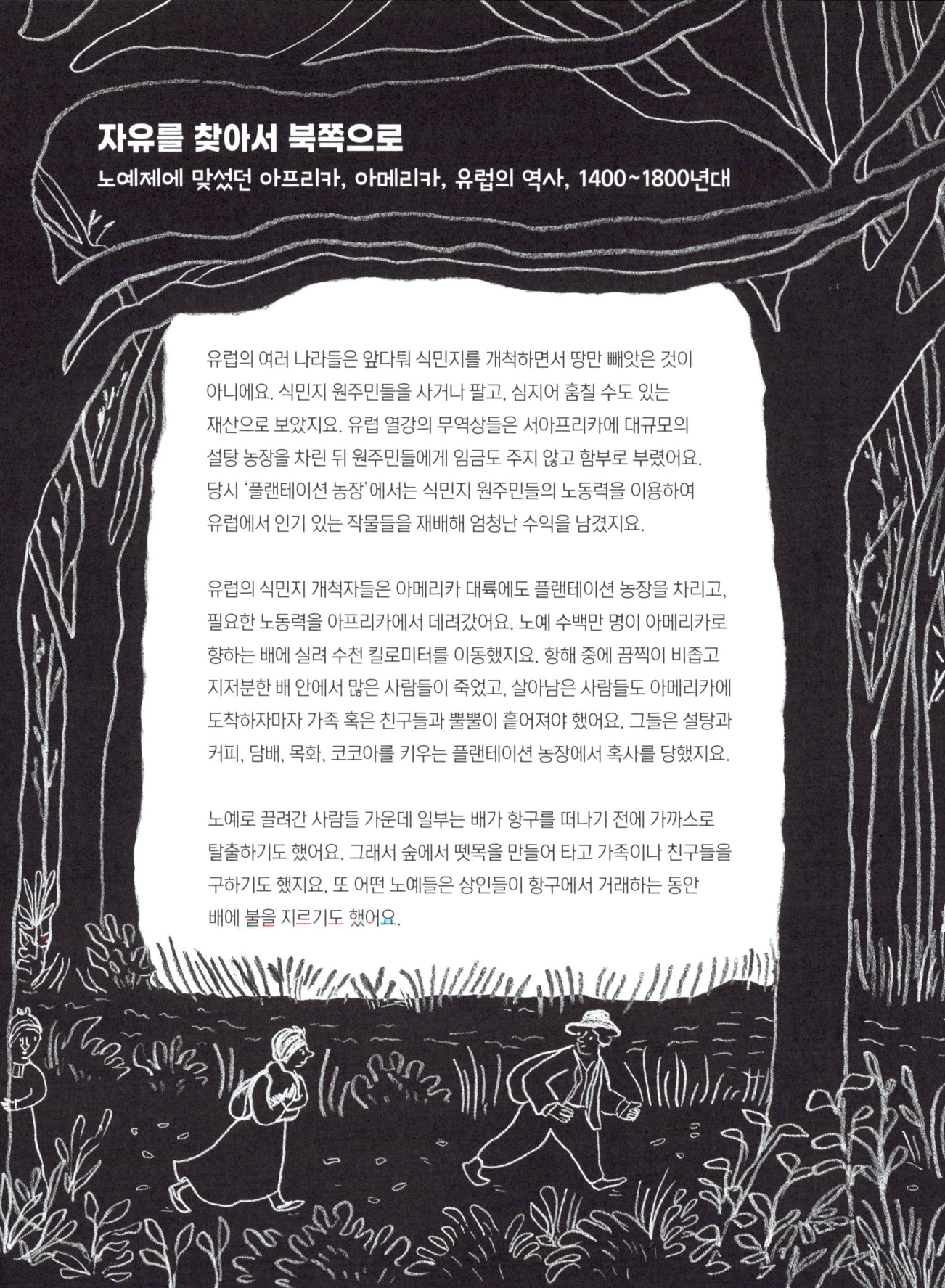

자유를 찾아서 북쪽으로
노예제에 맞섰던 아프리카, 아메리카, 유럽의 역사, 1400~1800년대

유럽의 여러 나라들은 앞다퉈 식민지를 개척하면서 땅만 빼앗은 것이 아니에요. 식민지 원주민들을 사거나 팔고, 심지어 훔칠 수도 있는 재산으로 보았지요. 유럽 열강의 무역상들은 서아프리카에 대규모의 설탕 농장을 차린 뒤 원주민들에게 임금도 주지 않고 함부로 부렸어요. 당시 '플랜테이션 농장'에서는 식민지 원주민들의 노동력을 이용하여 유럽에서 인기 있는 작물들을 재배해 엄청난 수익을 남겼지요.

유럽의 식민지 개척자들은 아메리카 대륙에도 플랜테이션 농장을 차리고, 필요한 노동력을 아프리카에서 데려갔어요. 노예 수백만 명이 아메리카로 향하는 배에 실려 수천 킬로미터를 이동했지요. 항해 중에 끔찍이 비좁고 지저분한 배 안에서 많은 사람들이 죽었고, 살아남은 사람들도 아메리카에 도착하자마자 가족 혹은 친구들과 뿔뿔이 흩어져야 했어요. 그들은 설탕과 커피, 담배, 목화, 코코아를 키우는 플랜테이션 농장에서 혹사를 당했지요.

노예로 끌려간 사람들 가운데 일부는 배가 항구를 떠나기 전에 가까스로 탈출하기도 했어요. 그래서 숲에서 뗏목을 만들어 타고 가족이나 친구들을 구하기도 했지요. 또 어떤 노예들은 상인들이 항구에서 거래하는 동안 배에 불을 지르기도 했어요.

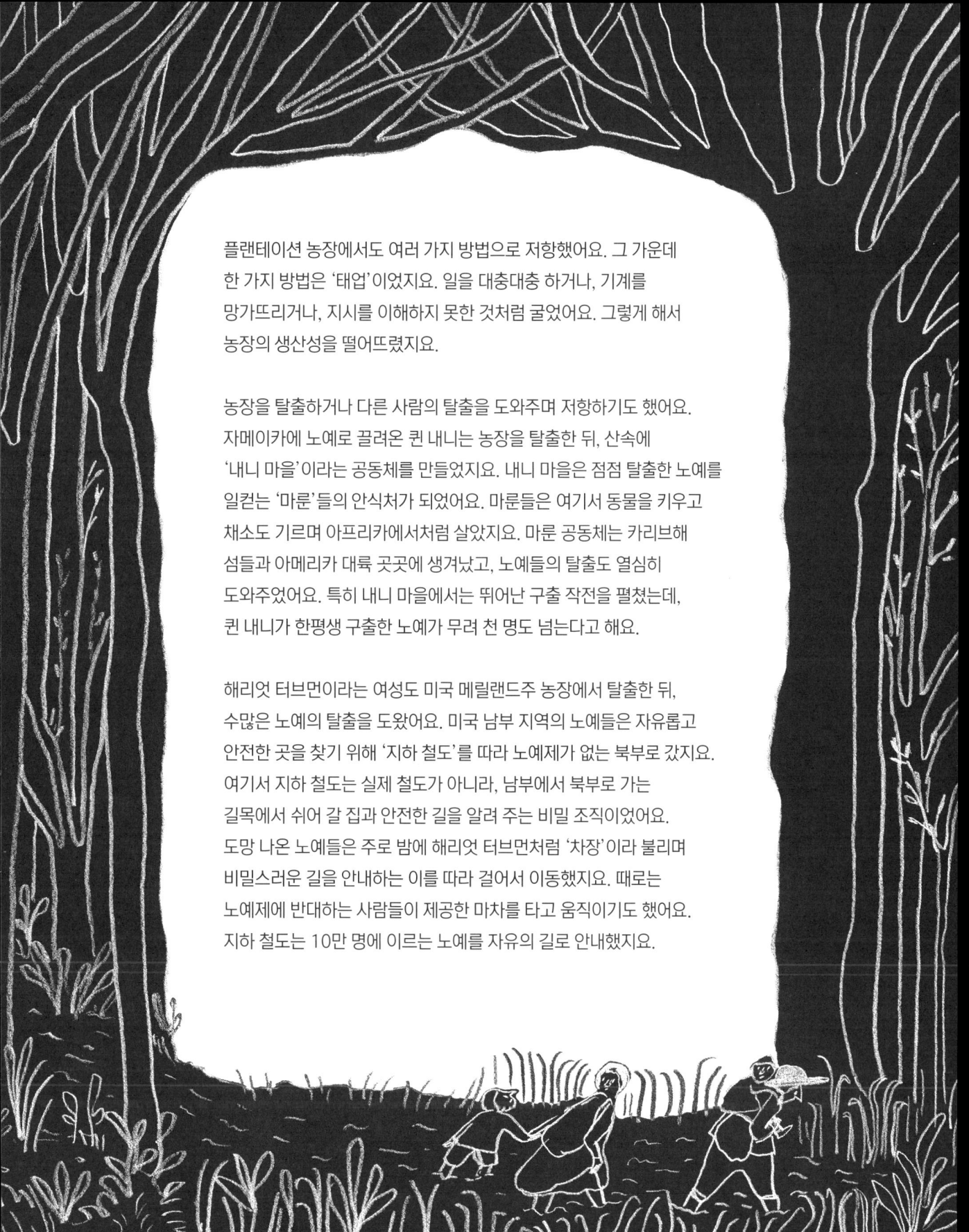

플랜테이션 농장에서도 여러 가지 방법으로 저항했어요. 그 가운데 한 가지 방법은 '태업'이었지요. 일을 대충대충 하거나, 기계를 망가뜨리거나, 지시를 이해하지 못한 것처럼 굴었어요. 그렇게 해서 농장의 생산성을 떨어뜨렸지요.

농장을 탈출하거나 다른 사람의 탈출을 도와주며 저항하기도 했어요. 자메이카에 노예로 끌려온 퀸 내니는 농장을 탈출한 뒤, 산속에 '내니 마을'이라는 공동체를 만들었지요. 내니 마을은 점점 탈출한 노예를 일컫는 '마룬'들의 안식처가 되었어요. 마룬들은 여기서 동물을 키우고 채소도 기르며 아프리카에서처럼 살았지요. 마룬 공동체는 카리브해 섬들과 아메리카 대륙 곳곳에 생겨났고, 노예들의 탈출도 열심히 도와주었어요. 특히 내니 마을에서는 뛰어난 구출 작전을 펼쳤는데, 퀸 내니가 한평생 구출한 노예가 무려 천 명도 넘는다고 해요.

해리엇 터브먼이라는 여성도 미국 메릴랜드주 농장에서 탈출한 뒤, 수많은 노예의 탈출을 도왔어요. 미국 남부 지역의 노예들은 자유롭고 안전한 곳을 찾기 위해 '지하 철도'를 따라 노예제가 없는 북부로 갔지요. 여기서 지하 철도는 실제 철도가 아니라, 남부에서 북부로 가는 길목에서 쉬어 갈 집과 안전한 길을 알려 주는 비밀 조직이었어요. 도망 나온 노예들은 주로 밤에 해리엇 터브먼처럼 '차장'이라 불리며 비밀스러운 길을 안내하는 이를 따라 걸어서 이동했지요. 때로는 노예제에 반대하는 사람들이 제공한 마차를 타고 움직이기도 했어요. 지하 철도는 10만 명에 이르는 노예를 자유의 길로 안내했지요.

영국의 많은 사람들이 아늑한 집에서 당연하게 부드러운 면 잠옷을 입고 코코아를 마시거나 설탕을 먹고, 파이프 담배를 피우며 살았어요. 대부분 그들이 누리는 안락함을 위해 얼마나 많은 노예들이 끔찍한 희생을 치러야 하는지 알려 하지 않았지요. 물론, 노예제가 얼마나 비참한지 알리려고 열심히 노력한 사람들도 있었어요. 올라우다 에퀴아노, 오토바 쿠고아노, 메리 프린스 등 몇몇 작가들은 영국을 돌아다니며 노예로 살았던 경험을 생생하게 이야기했지요. 그러자 비로소 영국 사람들은 그들이 당연하게 쓰던 물건이 어디서 났고 누가 만들었는지 생각하기 시작했답니다.

노예 출신 작가들의 이야기를 들은 청중들이 저마다 주변에 이 사실을 전하면서, 분노하는 목소리가 점점 더 빠르게 번져 나갔어요. 사람들은 노예제를 반대하는 브로치를 달고, 노예를 부리는 농장에서 만든 설탕도 먹지 않기로 했지요.

노예제 폐지 운동은 점점 다양한 사람들의 지지를 받았어요. 영국 랭커셔주의 공장 노동자들은 플랜테이션 농장에서 노예가 생산한 목화로는 면을 만들지 않기로 했지요. 런던에서는 목사와 하원 의원들이 노예제 폐지를 주장하는 연설을 하고, 변호사는 소송 사건을 맡았어요. 메리 프린스는 여성으로서는 처음으로 의회에 청원을 넣었지요. 노예제는 이제 더는 모른 척할 수 없는 문제가 되었어요. 영국 정부는 마침내 1807년이 되어서야 수백 년에 걸친 야만스러운 행위를 끝내기로 하고, 대서양을 오가는 노예 무역에서 손을 떼겠다고 결정했지요. 1833년에는 영국에서 노예제를 폐지하는 법안이 통과되었어요.

메리 프린스

새집에 도착했을 때는 한밤중이었어요.
집은 가장 고급스러운 돌과 목재로 지어져 있었지요.
그런데 집주인의 마음은 그보다도
훨씬 딱딱했답니다.

한편 미국에서도 다양한 활동가가 노예제를 끝장내기 위해 함께 싸웠어요. 프레더릭 더글러스, 소저너 트루스, 헨리 박스 브라운* 등 스스로 노예제에서 탈출한 노예 해방론자들은 호소력 있는 항의 연설로 많은 사람이 이 운동에 동참하도록 했지요.

1865년에 미국은 마침내 노예제를 폐지했어요. 노예 해방론자들은 승리를 기뻐했지만 아직 갈 길이 멀다는 것을 잘 알고 있었지요. 여전히 아프리카계 미국인은 투표권 같은 기본적인 인권을 제대로 보장받지 못했거든요. 투표권이 없으면 자유롭고 평등한 시민으로 인정받았다고 할 수 없었지요.

노예 해방론자들은 투표권을 얻기 위한 운동을 계속 이어 갔어요. 아프리카계 미국인의 평등한 권리를 주장하며 인종 차별에 반대하는 목소리는 '공민권 운동'으로 이어졌지요. 오늘날에도 인종 차별은 완전히 사라지지 않았고, 최근에는 '흑인의 생명도 소중하다'는 뜻의 BLM 운동이 이 오랜 역사를 이어 가고 있지요.

* 헨리 박스 브라운은 나무 상자에 들어가 숨은 뒤, 그 상자를 필라델피아의 노예 해방론자들에게 우편으로 배달시켜 백인으로부터 탈출했어요. 그래서 이름에 상자라는 뜻의 '박스'가 들어간답니다.

글쓰기와 책 읽기

글쓰기는 그 자체로 강력한 저항이 될 수 있어요. 읽기도 마찬가지고요!

특별한 전략

저항하는 책 읽기, 2014년

태국에 군사 독재 정권이 들어선 뒤 감시와 검열을 일삼자, 사람들은 조지 오웰의 소설 《1984》 속에서 살아가는 느낌이 들었어요. 군사 정권은 '국가 평화 질서 유지 위원회'라는 이름으로 나라를 다스렸는데, 이 책에 나오는 '평화부'처럼 평화보다 전쟁에 더 관심이 많았지요. 사람들은 정부가 다섯 명 넘게 모이는 걸 금지하자, 시위를 벌이는 대신 《1984》 소설을 읽으면서 군사 독재 정권에 대한 불만을 드러냈어요. 기차나 길거리 벤치나 그 어디서든 묵묵히 책을 읽음으로써 정부가 국민을 감시하는 만큼, 국민도 정부가 무얼 하는지 지켜보고 있다는 걸 보여 주었지요.

페미니즘의 문을 연 메리 울스턴크래프트, 1792년

영국 작가 메리 울스턴크래프트는 여성의 인권과 평등에 관한 최초의 작품 가운데 한 권을 썼어요. 바로 《여성의 권리 옹호》라는 책이에요. 이 책에 '페미니즘'이라는 말을 직접 쓰지는 않았지만, 여성도 남성과 똑같이 교육을 받고, 여러 권리를 누려야 하며, 존중받아야 한다고 강력하게 주장했지요. 안타깝게도 울스턴크래프트는 이 책을 펴내고 5년 뒤에 숨을 거두었지만, 그가 쓴 책은 그 뒤로도 오래도록 살아남았어요. 프랑스 혁명 때 나온 글에서 영향을 받아 쓴 이 책은 또다시 여성 참정권 운동을 시작한 서프러제트들에게 영향을 끼쳤지요. 울스턴크래프트의 글은 오늘날까지도 페미니스트들에게 영향을 미치고 있어요.

노예제 폐지를 주장한 작가들, 1700~1800년대

메리 프린스, 올라우다 에퀴아노, 프레더릭 더글러스 등 한때 노예 생활을 했던 작가들은 노예로서 겪었던 여러 경험을 글로 썼어요. 독자들은 그들의 작품을 통해 플랜테이션 농장에서 어떤 일이 벌어지고 노예들이 얼마나 비참한 삶을 살고 있는지 알게 되었지요. 노예들의 실상이 널리 알려지면서, 영국과 미국의 많은 사람들이 노예제 폐지 운동에 함께하게 되었어요.

빌려 가는 사람들, 2011년

영국 스토니 스트랫퍼드 도서관에서 책을 빌리던 사람들은 도서관이 곧 문을 닫게 되었다는 소식을 들었어요. 사람들이 이제 책을 거의 읽지 않는다며 정부가 예산을 깎아 버렸기 때문이에요. 어느 토요일, 도서관 이용자들은 저마다 한 사람이 빌릴 수 있는 최대 권수인 15권을 꽉 채워서 빌려 갔어요. 책꽂이를 텅 비워서 얼마나 많은 사람이 책을 사랑하고 도서관을 열심히 이용하는지 보여 주려 했던 거지요. 그날 저녁, 도서관이 문을 닫기 직전까지 남아 있는 책은 메리 노튼의 《마루 밑 바로우어즈(빌려 가는 사람들)》이었어요. 결국 도서관은 문을 닫지 않기로 했답니다.

일제 강점기의 문학, 1910~1945년

일본 제국주의에 국권을 빼앗기면서 우리나라의 문학은 철저한 감시와 통제, 탄압을 받았어요. 그래서 문인들은 대개 시와 소설을 쓰지 않거나 탄압과 검열을 피하기 위해 타협했지요. 그러나 이육사, 윤동주, 한용운 등 일부 문인들은 강력한 탄압 속에서도 끝까지 굴하지 않았어요. 문학을 통해 일제의 강압 통치를 비판하며 온몸으로 시대에 맞서 싸웠지요.

침묵의 봄, 1962년

과학자 레이첼 카슨은 DDT라는 살충제 때문에 새들이 떼죽음을 당한다는 걸 알게 되었어요. 그래서 이 문제를 널리 알리고자 《침묵의 봄》이라는 책을 펴냈지요. 카슨은 아름다운 문장으로 써 내려간 이야기 속에 살충제가 환경에 끼치는 충격적인 결과를 담아 놓았어요. 이 책은 엄청난 반향을 일으켜 결국 미국에서 DDT 사용이 금지되었지요. 또 전 세계에 완전히 새로운 환경 운동을 일으키며 환경 분야의 고전으로 자리 잡았어요.

진실을 말하는 작가들, 1960~1970년대

제임스 볼드윈, 오드리 로드, 마야 앤절루 같은 작가들은 '흑인 예술 운동'에 함께하면서, 그들의 문학 작품 속에 미국 사회의 인종, 계급, 성평등과 성 정체성 문제를 다루었어요. 이들은 원고지 위에서 뿐만 아니라 실제 현장에서도 활동했지요. 시위대를 조직하고, 기금을 모으고, 낭독회가 열릴 때마다 정치에 대해 이야기했어요. 작가들은 끊임없이 새로운 언어를 만들어서 사람들이 차별 문제에 관해 이야기 나눌 수 있도록 대화의 장을 열고, 논의가 더 앞으로 나아가도록 이끌었지요. 오드리 로드는 "진실을 말하는 것보다 더 무서운 것은 단 하나, 말하지 않는 것입니다."라는 말을 남겼어요.

제 4 부

잠에서 깨어난 사람들

"인간은 태어나면서부터
자유와 평등의 권리를 가진다!"

왕과 왕비를 잡아라!
프랑스 혁명, 1789~1799년

1789년 6월, 베르사유 궁전의 테니스 코트에서는 이런 외침이 터져 나왔어요. "우리는 헌법이 제정되기 전에는 총칼의 위험에도 결코 해산하지 않을 것이다!" 바로 프랑스 혁명의 시작이었지요. 당시 프랑스 정부는 미국 독립 혁명을 지원한 군사비에다 궁정과 왕실의 사치로 인해 재정이 심각했어요. 그래서 세금을 더 걷을 작정으로 모든 신분의 대표자들이 모이는 회의를 소집했지요. 귀족들은 평민 대표들이 왕의 세금 정책에 순순히 손을 들어 줄 거라 생각했어요. 하지만 평민들은 더 이상 세금 한 푼 내지 않는 귀족과 성직자 들의 횡포를 참으며 등골이 휘도록 세금을 바칠 수 없다며 거부했지요.

빵 한 덩어리를 사려고 일주일 치 임금을 모아야 했던 평민들은 파리 시내로 쏟아져 나와 잘못된 것을 바꾸자고 외쳤어요. 카페에 모여 밤새도록 계획을 짜고, 소책자를 뿌리고, 직접 신문을 발행하면서, "인간은 태어나면서부터 자유와 평등의 권리를 가진다."고 선언하며 평민들을 위한 프랑스를 준비했지요.

당시 프랑스 국왕이었던 루이 16세와 왕비 마리 앙투아네트는 파리 외곽에 있는 베르사유 궁전에서 머물고 있었어요. 그곳에는 끝없이 펼쳐진 아름다운 정원과 극장, 화려한 '거울의 방'도 있고, 왕비만을 위한 '왕비의 작은 마을'에서 연회와 음악회를 열거나 농작물을 재배하기도 했지요. 파리에서 민중들의 혁명이 빠르게 진행되고 있었지만, 멀리 떨어진 베르사유 궁전에 머물던 국왕과 왕비는 그런 상황을 전혀 모르고 있었어요.

드디어 참다못한 파리 민중들이 베르사유 궁전으로 몰려갔어요. 시장 여자들과 치마를 입고 여장을 한 남자들이 섞여 왕궁을 향해 행진했지요. 왕의 호위대가 치마 입은 여성들에게는 공격하지 않으리라 생각했던 거예요. 실제로 국왕은 그들을 공격하거나 가로막지 않고 여성 대표에게 직접 이야기를 들은 뒤 파리 시민들에게 국고를 열어 빵을 주겠다고 약속했지요. 그러나 그들은 빵을 얻는 데 만족하지 않고 왕실 사람들을 아예 파리로 데려가기로 결정했어요. 그렇게 왕실 가족은 파리로 끌려갔지요.

시위대는 왕실 가족을 파리 시내 중심지에 있는 왕궁으로 데려가 민중들의 감시 속에 살게 했어요. 그 뒤로 민중들은 무슨 일이든 할 수 있다는 자신감을 얻었지요. 날마다 거리에는 새로운 주장을 펼치는 혁명가들로 가득했고, 교회와 정부, 감옥의 권력자에게 맞서고자 하는 사람들도 거리로 쏟아져 나왔어요. 시위대는 사람이 많이 모일수록 힘이 커진다는 걸 깨달았지요. 그래서 극장으로 무작정 들어가 공연을 보러 온 관중에게 밖으로 나가서 거리에서 펼쳐지는 연극에 함께하자고 호소하기도 했어요.

시간이 갈수록 민중들의 고함소리가 더 커지고, 사방에서 저항이 터져 나오자 국왕과 왕비는 마차를 타고 국경을 넘으려다 결국 붙잡혀서 파리로 되돌아오게 되었지요. 민중들은 그들이 탄 마차가 지나가자 등을 돌리거나 야유를 퍼부었어요. 어떤 소년들 무리가 루이 16세 아버지의 동상에 올라가 눈을 가리는 일도 있었는데, 일 년 전만 해도 이런 행동은 감히 상상조차 할 수도 없는 일이었지요. 하지만 이제 민중들은 백성을 버리고 도망친 국왕을 향해 그의 아버지조차도 부끄러워할 일이라며 경고할 수 있게 되었어요.

루이 16세는 권력이 민중에게 넘어갔다는 것을 인정하며, 공식적으로 권력을 넘겨주었어요. 하지만 민중들은 더 이상 국왕을 믿지 않았지요. 분노한 그들은 한 걸음 더 나아갔고, 마침내 얼마 지나지 않아 폐위되어 갇혀 있던 루이 16세와 왕비 마리 앙투아네트는 단두대에서 처형당했어요.

프랑스 혁명이 이루어지는 과정에서 폭력이 없었던 것은 아니지만, 대부분의 사건은 평화롭게 이루어졌어요. 그리고 프랑스 혁명을 시작으로 다른 여러 나라에서도 왕에게만 집중되었던 권력이 민중에게로 넘어가 그들 스스로 통치해 나가는 시민 중심의 사회를 건설하는 계기가 되었지요. 또한 모든 민중이 자유로운 개인으로서 평등한 권리를 가질 수 있게 되었어요. 프랑스 혁명기에 생겨난 여러 시위 방식은 그 뒤로 오랫동안 전 세계의 저항 운동에 쓰였답니다.

당신들의 양심을 무장하라!
영국 노동자들의 권리 요구 '피털루 학살', 1819년

나폴레옹과의 오랜 전쟁으로 경제가 나빠지자 영국 노동자들의 불만이 점점 높아져 가고 있었어요. 부자들이 연회를 열며 즐기는 동안 도시의 가난한 노동자나 농민 가족은 저녁도 챙겨 먹기 힘들어 빵을 사려고 가구나 옷을 팔아야 했지요. 게다가 산업 혁명으로 영국 북부에 공장이 줄줄이 들어서면서 노동자들은 그들보다 훨씬 빨리 일하는 새로 발명된 기계에 일자리를 빼앗기게 되었어요.

빠르게 변하는 사회에서 도시나 농업 노동자들은 해결해야 할 여러 문제에 부딪치고 있었지만, 그들에게는 어려움을 해결할 투표권이 없었어요. 그래서 더는 못 참겠다는 불만이 점점 커지고 있었지요.

노동자들은 이 상황이 옳지 못하다는 걸 알리려고 애썼어요. 의회로 탄원서를 보내고, 파업을 벌이고, 심지어 기계를 부수기도 했지만 상황은 달라지지 않았지요. 답답한 마음에 같은 처지의 사람들과 만나서 의견을 나누면서, 그들의 뜻을 대신해 줄 수 있는 노동 운동에 관심을 갖게 되었어요.

1819년 여름, 맨체스터에서 대규모 모임이 열렸어요. 정부가 그들을 위한 정책도 펼치기를 바라며 의회 개혁을 요구하려고 그동안에 있었던 어떤 모임보다 훨씬 더 많은 사람들이 모였지요. 맨체스터 공업 지역의 수많은 노동자와 가족 들은 지도자 헨리 헌트의 연설도 듣고 그들을 대표할 의원도 뽑을 수 있기를 기대했어요.

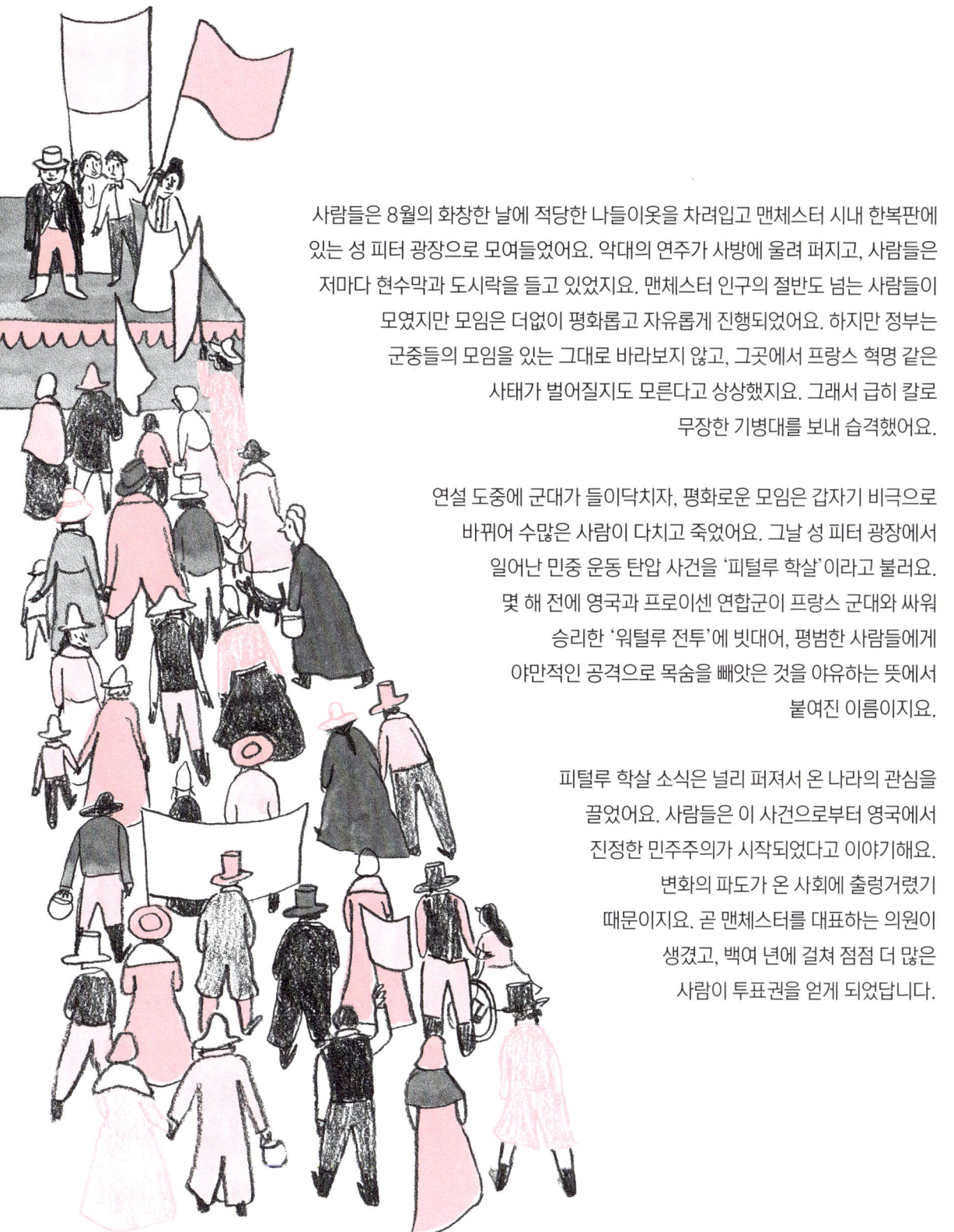

사람들은 8월의 화창한 날에 적당한 나들이옷을 차려입고 맨체스터 시내 한복판에 있는 성 피터 광장으로 모여들었어요. 악대의 연주가 사방에 울려 퍼지고, 사람들은 저마다 현수막과 도시락을 들고 있었지요. 맨체스터 인구의 절반도 넘는 사람들이 모였지만 모임은 더없이 평화롭고 자유롭게 진행되었어요. 하지만 정부는 군중들의 모임을 있는 그대로 바라보지 않고, 그곳에서 프랑스 혁명 같은 사태가 벌어질지도 모른다고 상상했지요. 그래서 급히 칼로 무장한 기병대를 보내 습격했어요.

연설 도중에 군대가 들이닥치자, 평화로운 모임은 갑자기 비극으로 바뀌어 수많은 사람이 다치고 죽었어요. 그날 성 피터 광장에서 일어난 민중 운동 탄압 사건을 '피털루 학살'이라고 불러요. 몇 해 전에 영국과 프로이센 연합군이 프랑스 군대와 싸워 승리한 '워털루 전투'에 빗대어, 평범한 사람들에게 야만적인 공격으로 목숨을 빼앗은 것을 야유하는 뜻에서 붙여진 이름이지요.

피털루 학살 소식은 널리 퍼져서 온 나라의 관심을 끌었어요. 사람들은 이 사건으로부터 영국에서 진정한 민주주의가 시작되었다고 이야기해요. 변화의 파도가 온 사회에 출렁거렸기 때문이지요. 곧 맨체스터를 대표하는 의원이 생겼고, 백여 년에 걸쳐 점점 더 많은 사람이 투표권을 얻게 되었답니다.

하루 쉬어도 될까요?
노동절 '메이데이'의 역사, 선사 시대부터 오늘날까지

유럽 북부의 겨울은 아주 길고 추우며 해 뜨는 시간도 짧아요. 그래서 수천 년 전부터 이 지역 사람들은 봄이 오고 초록빛 새싹이 땅 위로 고개를 내밀 즈음에 집 밖으로 나와 서로서로 인사를 나누었어요. 5월이 되면 날씨가 더 따뜻해져서, 지난가을 이래 처음으로 바깥에서 모여 함께 즐기는 날을 만들었지요. 영국 북부 지방에서는 태양이 돌아온 것을 기념하고자 '불의 날'이란 뜻의 '벨테인 축제'를 벌였어요.

이런 풍습은 그 뒤로도 쭉 이어져서, 유럽 여러 나라에서는 5월 1일에 '메이데이(오월제)' 축제가 열렸어요. 꽃으로 화려하게 꾸민 오월제 기둥 둘레에 모여 춤추며 봄을 맞이하는 축제지요. 이날은 일상의 질서를 완전히 뒤집는 날이기도 했어요. 각자 맡은 역할을 모두 내려놓은 채 잘 차려입고 나와서 통치자나 영주를 놀려 대기도 했지요.

훗날 이 자유의 날은 노동자들이 저항하는 날이 되었어요. 프랑스 혁명기에는 메이데이 축제를 통해 급진적인 사상이 시골 구석구석까지 전해졌지요. 오월제 기둥은 점점 더 커지고, 축제는 더욱 떠들썩해졌어요. 오월제 기둥을 장식하는 띠에 "높은 임대료를 거부한다!" 같은 구호도 나붙었지요. 부자들의 집에서 물건을 훔쳐 와 모닥불에 던져 넣기도 했어요.

1880년대 미국 시카고에서는 메이데이에 대규모 파업이 열렸어요. 그 당시 노동자들은 16시간 교대로 일주일에 6일씩 일하는 것이 보통이라, 쉬거나 여가를 즐길 겨를이 거의 없었지요. 그런가 하면 일자리가 없어서 가족을 먹여 살리지 못하는 사람도 많았어요. 이미 고용된 사람이 일하는 시간을 줄이면, 일자리는 늘어나고 임금도 여러 사람에게 돌아갈 수 있었지요. 그래서 이날 노동자 수천 명이 거리로 나와 하루 8시간 노동을 주장했어요.

파업을 이끄는 지도자 가운데 루시 파슨스라는 유색인 여성이 있었어요. 파슨스는 노동자들에게 일을 모두 멈추고 공장 바닥에 앉아 농성을 벌이자고 호소했지요. 마침내 전 시카고 공장이 한꺼번에 우뚝 멈추었어요. 며칠 동안 이어진 이 파업은 '헤이마켓 사건'으로 이어져 경찰과 노동자가 충돌하며 여러 사람이 죽거나 다치고 말았지요.

국제 노동자들은 이 역사적인 파업을 기리고자, 1890년 5월 1일에 전 세계 곳곳에서 모든 사람의 8시간 노동을 요구하는 시위를 벌였어요.

수십만 명이 일을 멈추고 거리로 몰려나와 시위를 벌이며 전 세계 노동자의 연대를 기념했어요. 가족과 함께 화환과 현수막과 악기를 들고 나오기도 했지요.

미국의 아이젠하워 대통령은 노동자의 힘이 너무 커지자 두려웠어요. 그래서 1958년에 메이데이 대신 노동자들이 온종일 질서를 지키며 순종하라는 '법과 질서의 날'을 제안했지요. 하지만 메이데이는 점점 퍼져 나갔고 사람들은 계속해서 시위에 나섰어요. 칠레와 오스트리아, 일본과 뉴질랜드에 이르기까지 전 세계 곳곳에서 노동자들이 하루 8시간만 일할 권리를 얻어 냈지요.

메이데이는 일하는 환경과 노동 시간, 임금 개선을 주장하는 날이자, 세상을 근본적으로 바꾼 사상을 기념하는 날이기도 해요.

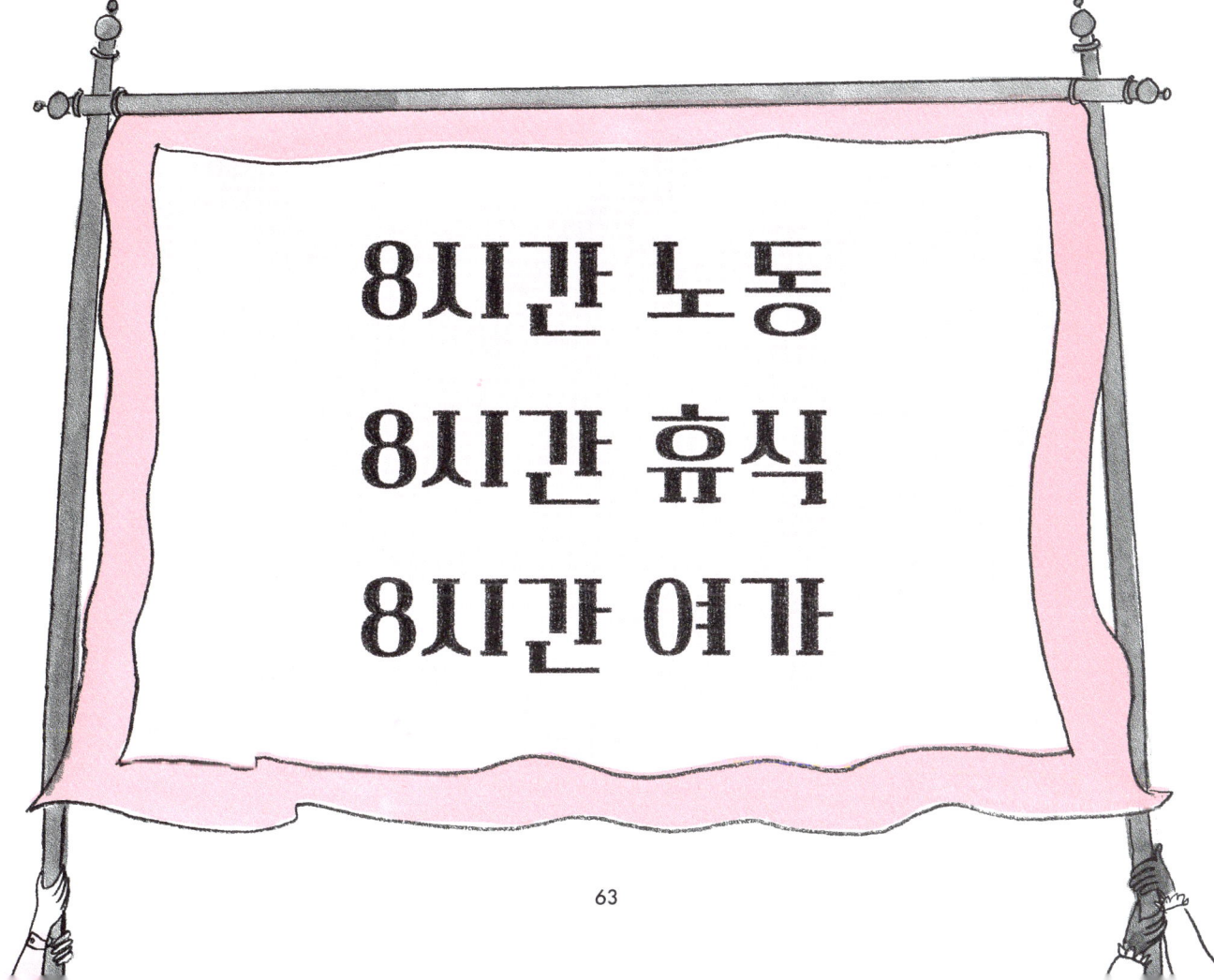

아무것도 하지 않기

특별한 전략

때로는 그 어떤 움직임보다 적극적으로 아무것도 하지 않는 것이
고요하고 평화로우면서도 더욱 강한 주장이 될 수 있어요.

머리카락의 평화·침대 위의 평화, 1969년

1960년대 슈퍼스타 비틀스의 존 레넌과 일본 출신 예술가 오노 요코가 결혼을 발표하자, 전 세계적인 관심이 쏠렸어요. 두 사람은 신혼여행을 베트남 전쟁 반대 시위로 대신했지요. 일주일 동안 날마다 사진사와 기자를 호텔방으로 초대해서, 천사처럼 흰옷을 입고 침대에 앉아 사람들을 맞이했어요. 사진을 찍어 언론에 내보낼 때 전쟁에 반대하는 목소리도 함께 전해지도록 침대 뒤편 유리창에는 '머리카락의 평화·침대 위의 평화'라고 적힌 문구를 붙여 놓았지요. 두 사람은 평화를 목 놓아 부르짖지 않고도 아무것도 하지 않음으로써, 누구보다 강렬하게 평화를 주장했어요.

세계를 구한 태업, 1940년대

히틀러와 나치 정권이 한창 독일을 지배하던 무렵, 이들은 핵무기 개발에 열을 올렸어요. 독일 과학자들은 자칫 지구 전체를 파괴할 수도 있는 무시무시한 핵무기를 개발하라는 명령을 받자 겉으로는 열심히 따르는 척했지요. 하지만 사실은 이 작업을 망치기로 결심하고, 중요한 정보는 꼭꼭 숨겨 놓았어요. 상관에게는 계속 이 연구가 무척 어렵다고 변명했지요. 과학자들이 비밀리에 일을 제대로 하지 않음으로써, 다행히 히틀러가 권력을 쥐고 있는 동안 치명적인 무기는 개발되지 않았어요.

가만히 앉아서 지키기, 1930년

인도가 독립운동을 벌이던 당시, 인도 사람들은 소금을 사고팔 때 지나치게 높은 세금을 매기는 영국에 저항하고자 소금을 직접 만들기 시작했어요. 영국 식민 정부가 인도 사람들이 만든 소금 창고를 공격하기로 했다는 소식을 들은 비폭력 운동가들이 창고를 지키러 모여들었지요. 이들은 소금 창고 앞에 편히 주저앉아서 밤새도록 평화로운 시간을 보냈어요. 그러자 경찰도 시위대 앞에 앉아서, "당신들이 계속 여기 있으면 우리도 떠나지 않을 것이오."라고 말했지요. 하지만 경찰은 비폭력 행동에 익숙한 시위대를 당해 내지 못하고, 결국 28시간 만에 창고 앞을 떠났어요. 시위대는 소금을 무사히 지켜 냈지요.

서 있는 남자, 2013년

터키 이스탄불의 탁심 광장에서는 몇 주째 시위가 벌어지고 있었어요. 처음에는 광장 근처 게지 공원에 있는 나무를 베어 내고 시민들이 즐겨 찾던 아타튀르크 문화관을 철거하려는 계획에 반대하는 시위였는데, 점차 정부가 나라를 통치하는 방식에 대한 불만으로 커져 갔지요. 결국 시위대는 강제로 해산되었는데 이때 예술가 에르뎀 귄뒤즈가 텅 빈 광장에 도착했어요. 귄뒤즈는 문화관을 바라보며 그 자리에 가만히 서 있었지요. 몇 분이 지나고 몇 시간이 흘러도 움직이지 않자 점점 사람들이 하나둘 다가와 함께 서 있기 시작했어요. 수백 명의 사람들이 지키고 싶은 건물을 마치 마네킹처럼 꼼짝 않고 선 채 바라보는 모습이 널리 알려지면서, 더 많은 시민이 '서 있는 남자'와 함께하러 모여들었지요.

잠자는 참전 용사, 1971년

베트남 전쟁에서 싸우고 돌아온 미군들은 명령을 받아 수행한 끔찍한 일들과 전쟁에서 목격한 것들을 잊지 못해 충격에 시달렸어요. 참전 용사들은 백악관 근처 내셔널 몰에서 일주일 동안 시위를 벌이기로 했지요. 이곳에서 전쟁 경험을 이야기하고 행진을 벌인 뒤, 경찰서에 가서 스스로 전쟁 범죄자라고 자수하기로 계획을 세웠어요. 정부는 이들이 내셔널 몰에서 잠만 자지 않는다면 머물러도 좋다고 허가했지요. 하지만 참가자 대부분은 마땅히 잠잘 곳이 없어서, 법을 어기고 이곳에 계속 머물기로 했어요. 그 뒤 내셔널 몰에서 잠을 자고 쉬는 일은 정치적 행동이 되었고, 전쟁의 상처 때문에 잠을 이루지 못하고 악몽에 시달리는 참전 용사들의 고통에 관심을 불러일으켰어요.

아픈 척하며 싸우기, 1600~1800년대와 1950년대

아프리카 사람들은 미국에 노예로 끌려가 플랜테이션 농장에서 일하면서 종종 아픈 척하며 쉬었어요. 이들은 전혀 법의 보호를 받지 못해서, 아픈 척하는 것만이 끝없는 노동을 멈추고 잠시 숨을 돌릴 유일한 방법이었지요. 또 노예를 팔아넘길 땐 노예 주인이 더 큰 이익을 남기지 못하도록 병이나 장애가 있는 것처럼 꾸며 대기도 했어요. 아픈 척하는 전략은 1950년대 중국에서도 쓰였지요. 노동자들은 일하는 조건에 불만이 컸지만, 노동조합을 만들 수 없었어요. 그래서 대신 어떤 병인지 알 수 없는 이상한 증세를 호소하며 최대한 많이 쉬었지요. 아픈 척하며 생산량을 줄이는 방법으로 싸웠던 셈이에요.

제 5 부

여성의 이름으로
"우리를 영원히 침묵시킬 수는 없다!"

여성 인권 운동

말이 아닌 행동으로!
영국 서프러제트의 여성 참정권 운동, 1900년대

오늘날에는 성인이 되면 누구나 투표할 수 있고 선거에 나가 대표로 뽑힐 수 있는 참정권이 있지만, 100년 전만 해도 여성에게 참정권이 있는 나라는 거의 없었어요. 영국에서는 20세기 초부터 여성들이 참정권을 얻기 위해 '서프러제트'를 통해 아주 오랫동안 목소리를 높였지요. 서프러제트는 여성 참정권 운동과 그 운동가들을 가리켜요.

여성들은 처음엔 법을 바꾸자는 청원을 의회에 내고 홍보 활동도 벌이며 침착하게 사람들을 설득했어요. 하지만 법을 바꾸려 할 때마다 의회의 남자 대표자들이 여성에게 투표권을 주지 않으려고 빠져나갔지요. 그래서 여성 참정권 운동가들은 계속 지금처럼 정중하게 설득해 나가야 한다는 쪽과 전략을 아예 바꿔야 한다고 주장하는 쪽으로 갈렸어요. 그중 급진적인 여성들은 세상이 자신들의 목소리에 귀 기울이지 않으니 더 큰 목소리를 내야겠다고 결심해 '여성사회정치동맹(WSPU)'을 만들었지요. 그리고 1905년 선거 기간에 조직원 두 명이 한 정치 모임에 몰래 들어가 갑자기 플래카드를 들고 일어서며 언제쯤 여성에게 투표권을 줄 것인지 거듭 따져 물었어요. 두 사람은 여성이 공공장소에서 자기주장을 펼치는 어처구니없는 행동을 했다는 이유로 체포되었지요. 하지만 이 사건으로 그들의 주장은 널리 알려지게 되었고 두 사람을 하룻밤 유치장에 가둠으로써 더 많은 여성이 참정권 운동에 함께하게 되었어요.

여성사회정치동맹은 조직이 점점 더 커지자 곧 대규모 시위를 벌여서 얼마나 많은 여성이 이 새로운 운동에 함께하고 있는지 보여 주었어요. 어느 신문에서는 그들을 낮잡아 '참정권을 외치는 소녀들'이라는 뜻의 '서프러제트'라는 별명을 붙여 비아냥거렸지요. 하지만 그들은 오히려 자신들의 정체성을 담은 새로운 이름으로 받아들였고, '서프러지스트'라 불리는 얌전한 여성 참정권 운동가들과 구분 지었지요.

서프러제트의 수가 크게 늘면서 운동의 형태도 아주 다양해졌어요. 그들은 반항적인 정신으로 사회 곳곳에서 강력하게 저항했지요. 서프러제트가 된다는 것은 정치적으로 여성 참정권을 지지하는 것만을 뜻하지 않았어요. 서프러제트는 여성의 창의성과 지성을 억누르는 세상에서, 여성이 더 넓고 용감한 삶을 누리도록 서로 북돋워 주는 공동체가 되었지요. 이제 세상은 그들을 더 이상 무시할 수 없었어요.

서프러제트는 법을 어기는 일도 서슴지 않았어요. 오히려 이를 전략으로 삼았지요. 심지어 경찰의 공격을 막아 내려고 '서프러짓수'라는 자기방어 기술도 배웠어요. 그리고 감옥에 갇혀서도 단식 투쟁을 하며 격렬하게 싸웠지요. 교도관들이 음식을 강제로 먹일 때마다 견디며 혹독한 시간을 보내야 했어요. 하지만 석방되면 다른 서프러제트 여성들이 열렬히 환영하면서 용감함을 인정하는 메달을 선물하기도 했지요. 감옥에 갈 각오로 점점 더 과감한 행동을 시도했던 서프러제트의 노력으로 제1차 세계 대전이 끝난 해인 1918년 2월에 일정 자격을 갖춘 30세 이상 여성에게 참정권을 부여하는 국민투표법이 통과되었어요. 그리고 1928년이 되어서야 21세 이상의 모든 여성이 남성과 동등하게 투표권을 행사할 수 있게 되었지요.

서프러제트는 아주 다양한 방법으로 여성 참정권 운동을 펼쳤어요.

의사당 외벽에
쇠사슬로 몸을
묶은 뒤

여성들을 억압하고 있는 쇠사슬을
스스로 끊어 내야 한다고 외쳤어요.

스스로 '인간 편지'가 되어 다우닝가에 있는
우편물로 총리 관저에 배달되었어요.

허락 없이 의사당 안으로
들어갔어요.

안에 있는 정치가들에게 들리도록
수천 명이 시끄럽게 문을 두드렸어요.

조직원 두 명이 가구를 실어 나르는 트럭에
숨어 의사당 안으로 들어갔어요. 가까스로
회의실에 들어가, 의원들에게 투표권을
달라며 목 놓아 외쳤어요.

서프러제트는 연극제도 열었어요.

역사 속에서 강력한 힘을 드러낸 유명한 여성 영웅으로 분장하여 그 사실을 널리 알렸어요.

당시 사람들이 가장 활발하게 소식을 주고받던 우편 제도를 어지럽혔어요.

우체통에 잼이나 잉크, 식초를 던져 넣고, 때로는 불을 지르기도 했어요.

정치인이 휴식을 취하러 갔을 때도 이들의 주장을 기억하도록 했어요.

골프장 잔디를 불태워 구호를 새겨 넣었지요.

길바닥에도 '여성에게 투표권을' 구호를 적었어요.

런던 시내 곳곳의 상점 유리창을 손바닥만 한 망치로 부수고 다니면서

여성 참정권을 보장하는 법안을 반대하는 총리에게 항의했어요.

왕을 바꾼 여성들
나이지리아 아베오쿠타 여성들의 저항, 1940년대

나이지리아 남부 여성들은 남성과 평등한 대우를 받으며 살아가고 있었어요. 남성에게 의지하지 않고 농작물을 길러서 시장에 내다 팔아 살았지요. 시장 여성들은 서로를 위하며 끈끈하게 지냈고, 중요한 문제가 생기면 빠르게 소식을 전하며 서로를 지켜 주었어요. 또 사회를 어떻게 운영할지 적극적으로 의견을 내놓으며 정치에서도 소외되지 않고 한몫했지요.

하지만 영국인들이 아프리카로 건너와 땅을 차지하면서 모든 상황은 달라졌어요. 미국과 뉴질랜드와 인도와 세계 여러 나라에서 그랬던 것처럼 말이에요. 영국은 서아프리카 사회를 영국에서처럼 남자가 모든 일을 주도하고 여자를 무시하는 분위기로 빠르게 바꾸어 갔어요. 여성의 권력을 빼앗아 가는 동시에 여성에게 훨씬 더 무거운 세금을 매겼지요. 갑자기 집 앞을 청소하지 않으면 벌금을 내도록 하는 등 온갖 이상한 제도를 만들었어요. 나이지리아의 왕 라다포 아데몰라는 자신에게 주어진 권력을 이용해 마구 거두어들인 세금을 영국에 보내거나 마음대로 썼지요.

나이지리아의 아베오쿠타 마을에서 교사로 일하던 푼밀라요 랜섬 쿠티는 주변 여성들이 겪는 이 모든 일들이 못마땅하고 참을 수 없었어요. 그래서 '아베오쿠타 여성 모임'을 만들고 시장 여성들에게 세금을 그만 매기라고 정부에 요구했지요.

이 모임은 좀 더 정치적인 행동에 나서고자 이름을 '아베오쿠타 여성 연합'으로 바꾸고, 어떤 계층의 여성이든 모두 가입할 수 있다고 발표했어요. 그러자마자 수십만 여성이 이 단체에 가입했지요. 그 뒤로 그들은 좀 더 높은 목표를 잡았어요. 식민 정부가 만든 불공평한 세금 제도를 없애는 일뿐만 아니라, 직접 여성 대표자를 뽑아 정부에 보내게 해 달라고 요구했지요.

아베오쿠타 여성 연합은 점점 활동을 넓혀 갔어요. 왕에게 보낸 청원이 받아들여지지 않자, 회계사를 고용해서 왕이 세금을 얼마나 가로챘는지 밝혀내고 많은 여성이 항의하는 뜻으로 세금을 내지 않았지요. 푼밀라요는 영국으로 건너가 언론과 영국 정부에 이 상황을 알렸어요.

그래도 왕이 계속 이들의 주장을 무시하자, 마침내 왕궁 앞에 가서 시위를 벌였어요. 첫날에는 여성 천여 명이 나왔고, 다음번에는 만 명이 나와서 왕을 조롱하는 노래를 불렀지요. 시위 중에 여러 여성이 잡혀갔지만 두려워하지 않았어요. 이들에게는 계획이 있었거든요. 이제 그들은 왕궁 앞에서 야영을 시작했어요. 잡혀간 여성들을 풀어 줄 때까지 꿈쩍도 안 하기로 했지요. 어느새 왕궁 앞에는 여성 시위자가 5만 명이나 모여 있었어요! 그제야 왕을 둘러싼 족장들은 어느 쪽이 이길지 깨달았지요. 족장들은 시위대가 바라는 대로 불합리한 세금 제도를 없애고 여성 대표자를 뽑아 정부에 들어오도록 했어요. 마침내 라다포 아데몰라 왕은 왕위에서 물러났고 아베오쿠타 여성들이 승리했지요.

푼밀라요 랜섬 쿠티는 그 뒤로도 계속 나이지리아 여성의 권리를 위해 싸웠어요. 그리고 처음으로 나이지리아 서부 족장 회의에 참여한 여성 대표가 되었지요.

두 번째 페미니즘 물결
전 세계 여성 해방 운동, 1970년대 이후

1970년대 영국에서는 이제 막 여성 해방 운동이 움트고 있었어요. 40년 전에 투표권을 얻었지만, 두 번째 페미니즘의 물결이 밀려오기 시작했지요. 여성들은 존중받고 싶었고, 성차별과 폭력이 없는 세상에서 살고 싶었어요. 동등한 기회, 동등한 임금, 동등한 권력을 원했지요. 또 외모가 아닌 각자가 가진 진정한 능력으로 평가받고 싶었어요.

페미니스트 활동가들은 해마다 열리는 '미스 월드 선발 대회'가 돌아오자, 이제 더는 참을 수가 없었어요. 그들은 대회 입장권을 사서 화려한 옷을 차려입고 시상식장에 들어갔지요. 그러고는 수영복과 드레스를 입고 행진하는 참가자들을 가만히 지켜보아서 아무도 그들을 의심하지 않았어요. 하지만 페미니스트 활동가들은 참가자 모두가 안전하게 무대를 떠난 뒤에 사회자가 성차별적인 농담을 던지자마자 행동을 시작했지요. 2층 발코니석에서 아래로 밀가루 폭탄을 던지고, 청중석에 전단을 뿌리고, 물감을 채운 물총을 뿌려 댔어요.

시위대는 경찰에 끌려갔지만, 자신들의 활동이 유명해지리라는 걸 잘 알고 있었어요. 전 세계 시청자 1억 명이 이 대회를 보고 있었으니까요. 다음 날에는 시청자보다 더 많은 사람이 이 사건에 관해 떠들어 댔지요. 그날의 일로 평범한 가정에도 '여성 해방'이라는 말이 전달되었고, 여성의 권리를 위해 역동적으로 싸우는 운동이 새롭게 일어나고 있다는 사실이 널리 알려지게 되었어요.

세계 여러 나라의 페미니스트들은 각자 그들만의 방식으로 싸우고 있었어요.

일본에서는 '추피렌' 또는 '핑크 팬서(분홍 표범)'라고 불리는 단체가 활발하게 활동했어요. 그들은 분홍색 안전모를 쓰고 흰옷을 입은 모습으로 성평등을 외치며 거리를 행진했지요. 바람피우는 남편들 사무실로 함께 쳐들어가기도 했지요.

베트남에서는 베트남 전쟁이 벌어지는 동안 여성 위원회가 조직되어 여성이 폭력을 당하지 않도록 도와주었어요. 여성들은 남몰래 시위를 준비해서 쇼핑하러 가는 척하며 시내에 나갔어요. 그러다 스카프를 휙 벗어서 지팡이에 묶으면 바로 여성 폭력에 반대하는 구호가 적힌 플래카드가 되었지요. 체포된 사람이 있으면 여럿이 몇 시간이고 아이들과 함께 유치장 바깥에 앉아서 시끄럽게 떠들었어요. 그렇게 소란을 피우면 교도관들은 어쩔 수 없이 붙잡아 둔 시위대를 풀어 주기도 했지요.

미국에서는 시위대가 아주 커다란 '자유의 쓰레기통'을 만들었어요. 그 안에 하루 동안 여성 억압의 상징인 냄비, 프라이팬, 속옷, 인조 속눈썹 같은 물건을 던져 넣게 했지요.

2014년에 짐바브웨에서는 페미니스트들이 길거리 성추행에 항의하는 뜻으로 미니스커트 행진을 벌였어요. 짐바브웨 여성들은 성희롱과 성폭력이 여성들의 옷차림 때문이라고 여겨지는 사회 분위기에 몹시 화가 났지요. 그래서 마음껏 원하는 대로 옷을 입고 거리 행진을 벌여서, 온 나라가 성희롱에 관해 생각하고 토론할 기회를 만들었어요.

교통

특별한 전략

자전거, 자동차, 기차, 버스처럼 날마다 이용하는 교통수단으로 사람들의 관심을 아주 효과적으로 이끌어 낼 수도 있어요. 활동가들은 교통수단을 이용해서 사람들을 한데 모으고, 일상생활을 방해하고, 도시에 새로운 상상력을 불어넣었지요.

지하철 요금 파업, 2012년

미국 뉴욕에서는 나날이 지하철 요금은 오르는데 임금은 점점 줄어들어 불만이 컸어요. 가난한 젊은이들은 무임승차를 하다가 체포되는 일도 많았지요.
어느 날 아침, 지하철 노동자와 활동가 들은 20여 개 뉴욕 지하철역의 출입구를 활짝 열었어요. 그 옆에는 "무료입장, 요금을 받지 않습니다. 개표구를 그냥 통과하세요."라고 공식적인 안내문처럼 적어 놓은 포스터가 사방에 붙어 있었지요. 승객들이 요금을 내지 않고 지나가도록 했던 이 파업은 지하철 교통 체계와 노동자의 처지에 대해 다시 생각해 볼 기회를 마련했어요.

느리게 움직이기, 1983년

독재자 피노체트가 칠레를 다스리던 때, 사람들은 불만이 있어도 침묵할 수밖에 없었어요. 시위를 벌이다 잡히면 고문을 당했거든요. 그러다 느리게 움직임으로써 정부에 반대의 뜻을 표시할 수도 있다는 걸 알았지요. 전 국민 저항의 날이 되자, 택시는 평소보다 속도를 반으로 늦추었고, 자가용을 몰거나 버스를 타거나 걸어가는 사람도 천천히 움직였어요. 천천히 움직인다는 이유만으로 체포할 수는 없었지요. 많은 사람들이 함께 어슬렁어슬렁 가는 모습을 보면서 다들 혼자가 아님을 깨달았어요. 사람들은 이 비밀스럽고도 적나라한 시위 방법으로, 아무리 느려도 결국 변화는 이루어질 거라고 믿게 되었어요. 그리고 마침내 해냈지요.

무료 승차, 2018년

일본 오카야마의 버스 기사들은 일자리를 잃을 위험에 놓이자 파업을 벌이고 싶었어요. 하지만 그러면 버스를 타고 다니는 일반 시민들이 얼마나 불편을 겪을지 걱정이 되었지요. 그래서 버스 운행을 계속하는 대신 승객이 공짜로 버스를 타도록 했어요. 덕분에 버스 승객들은 불편하지 않았지만, 버스 회사는 요금을 벌지 못했지요. 이 일로 버스 기사들은 대중의 지지와 언론의 관심을 한꺼번에 받을 수 있었어요.

길을 막아 도시 마비시키기, 1971년

미국이 베트남에서 전쟁을 일으키자, 반전 시위대는 전쟁을 끝내려면 정부를 막아야 한다고 결론 내렸어요. 시위대는 공무원들이 일터에 갈 수 없도록 정부 기관으로 출근하는 길을 모두 가로막기로 했지요. 1971년 메이데이가 되자 젊은이 수만 명이 워싱턴으로 몰려왔어요. 하지만 이들은 도로 교통을 차단하기도 전에 3분의 1이나 수갑을 차게 되었지요. 미국 역사에서 가장 많은 수가 한꺼번에 체포된 사례였어요. 시위대는 비록 도시 전체를 마비시키지는 못했지만, 계획만으로도 큰 효과를 이끌어 냈어요. 정부는 더 큰 혼란이 번져나가기 전에 전쟁을 끝내는 것이 낫겠다고 생각했지요.

버스 운행 가로막기, 2010년대

'정부 지원금 삭감에 반대하는 장애인(DPAC)'이라는 영국의 장애인 활동가 단체가 있어요. 이들은 여럿이 함께 휠체어를 타고 나와, 혼잡한 도로 한복판에서 버스에 오르며 길을 가로막는 시위를 벌였지요. 교통을 방해함으로써 정부가 예산을 줄여 장애인의 삶에 어떤 혼란을 가져왔는지 보여 주고자 했던 거예요.

자전거 타는 여성, 1900년대

영국에서 자전거는 여성에게 어울리지 않는 탈것이라고 여겨졌어요. 남자들은 여자들이 두 바퀴 위에 올라 자유를 맛보면 저녁밥을 차리러 돌아오지 않을까 봐 걱정되었지요. 그래서 서프러제트가 자전거를 탄 일은 그 자체로도 저항이 되었어요. 또한 남자들에게 데려다 달라고 부탁하지 않고도 먼 곳에서 열리는 모임에 참석할 수 있게 되었지요. 서프러제트는 자전거를 타고 더 먼 곳까지 전단을 날렸고, 불법 시위를 벌인 뒤 재빨리 달아날 수도 있었어요. 서프러제트를 상징하는 보라색, 흰색, 초록색으로 장식된 특별한 자전거도 있었답니다.

광대가 된 교통경찰, 1990년대

콜롬비아의 수도 보고타는 끊임없는 범죄와 부정부패로 얼룩진 도시였어요. 안타나스 모쿠스는 시장이 되자 이 위험한 도시를 인간적인 공동체로 변화시키겠다고 결심했지요. 그 첫걸음으로 난폭한 운전자를 눈감아 주는 교통경찰들을 해고했어요. 대신 무언극 예술가로 재교육을 받으면 다시 경찰에 복귀시키겠다고 제안했지요. 얼마 지나지 않아 거리에는 알록달록 얼굴을 꾸미고 우스꽝스러운 옷을 입은 사람들로 가득찼어요. 광대가 된 교통경찰들은 나쁜 운전자를 놀리고, 착한 운전자를 칭찬하고, 사람들이 안전하게 길을 건너도록 도와주었지요. 도시에 변화를 일으키는 상상력을 활짝 열어 준 거예요.

제 6 부

진실의 힘

"평화로 가는 길은 없다.
평화가 길이다!"

독립운동과 비폭력 저항 운동

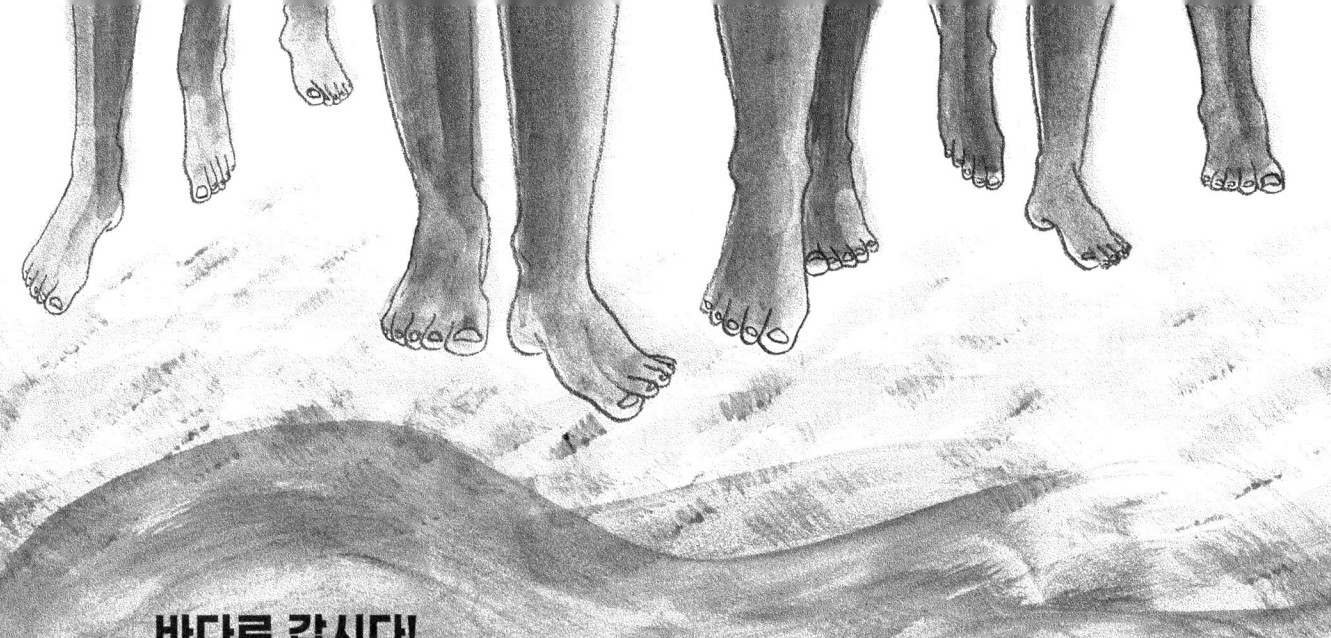

바다로 갑시다!
인도의 비폭력 평화 운동 '소금 행진', 1930년

1600년대부터 영국의 통치자들은 누가 인도를 차지할 것인가를 두고 유럽 여러 나라와 경쟁해 왔어요. 그들에게 인도는 향신료와 차와 비단처럼 매력적인 물건이 가득 찬 거대한 창고로 여겨졌고, 그저 이 물건들을 유럽에 가져다 팔아서 막대한 돈을 벌 생각뿐이었지요. 영국은 인도의 목을 점점 죄어서 마침내 공식적으로 인도 전체를 지배하게 되었고, 인도를 그들의 '왕관에 있는 보석'이라고 불렀어요.

누구의 보석도 되고 싶지 않았던 인도 사람들은 기나긴 독립운동을 시작했어요. 불매 운동, 시위, 파업 등 여러 방식으로 저항했지요. 그때 모한다스 간디가 새로운 저항 운동을 제안했어요. 그는 인도 사람들이 영국을 상대로 전쟁을 벌여서는 이길 수 없으니 폭력을 쓰지 않고 싸우자고 했지요.

간디는 어떻게 하면 비폭력 저항 운동으로 승리하여 독립할 수 있을지 오랫동안 생각했어요. 당시 인도 사람들은 소금 생산과 판매를 통제당하며 소금을 살 때마다 영국 정부에 어마어마한 세금을 내야 했어요. 소금은 공기나 물에 버금가는 필수품이라 가난한 인도 사람들에게 그야말로 고통이었지요.

간디는 마침내 인도 바다의 소금을 인도 사람들에게 돌려 달라고 주장하며, 바다까지 390킬로미터를 걸어가겠다는 '사탸그라하' 행진을 선언했어요. 사탸그라하는 '진리를 찾으려는 노력'이란 의미로, 일명 '소금 행진'이라고도 하지요. 소금세 폐지를 주장하며 시작된 간디의 비폭력 불복종 저항은 영국의 억압에 일체의 폭력을 쓰지 않고 가장 평화적이면서도 적극적으로 맞서겠다는 뜻이 담겨 있었어요.

간디가 그와 뜻을 함께하는 70여 명과 함께 걷기 시작할 때만 해도 그다지 위협적으로 보이지 않았어요. 하지만 간디는 행진하는 길에 들른 마을마다 인도의 독립을 주장하는 연설을 하며 많은 사람이 이 행진에 동참하도록 이끌었지요. 그렇게 바다에 도착했을 때는 수만 명이 넘는 사람들이 함께하고 있었어요.

평화로운 시위대로 이루어진 인도의 비폭력 군대는 이제 영국이 지배하는 모든 것에 맞서 싸울 각오가 되어 있었어요. 그들은 직접 소금밭을 만들고, 영국에서 난 옷감과 술을 사지 않았지요. 영국 정부를 위해 일하는 관직도 모두 그만두었어요.

영국 정부는 인도의 대대적인 저항 운동에 무척 놀랐어요. 그래서 몇 달도 채 지나지 않아 간디를 회의에 초대하고 협상을 시작했지요. 인도 사람들에게는 회의를 했다는 것 자체가 첫 번째 승리였어요. 그전까지 영국은 한 번도 인도 사람들의 요구에 진지하게 귀 기울인 적이 없었거든요. 드디어 독립을 향한 문이 열리기 시작했고, 이제 영국이 언제 어떻게 인도를 떠나는가 하는 문제만 남아 있었어요. 그리고 1947년, 드디어 인도는 독립을 맞이했지요.

간디는 완벽한 사람이 아니었고, 언제나 모든 사람의 평등을 지지한 것도 아니에요. 그래도 간디가 주장한 비폭력 불복종 저항 운동 정신은 인도 독립의 밑거름이 되었고 여러 다른 나라로 퍼져 커다란 성공을 거두었지요. 또한 오늘날의 저항 운동에도 영향을 미치고 있답니다.

희망의 인사 '구텐 탁!'
유럽 여러 나라에서 나치에 맞서 싸운 사람들, 1930~1940년대

1930년대 독일은 나치 당을 이끄는 아돌프 히틀러가 권력을 손에 넣고 장악했어요. 그건 특히 유대인, 롬인(집시), 성 소수자, 장애인 들에게 끔찍한 소식이었지요. 히틀러는 독일 민족만이 가장 위대하며, 자신이 이상적으로 여기는 모습에서 벗어나는 모든 사람을 차별하고 심지어 함부로 죽여도 된다고 생각했거든요. 나치 군인들은 이런 사람을 모조리 잡아서 강제 수용소에 가두고 잔인하게 살해했어요. 유대인을 비롯해 600만 명이 목숨을 잃은 이 사건은 '홀로코스트', 즉 '대학살'이라는 이름으로 역사에 남았지요.

나치 독일이 이웃에 있는 유럽 여러 나라를 침략하자, 다른 나라들은 힘을 모아 맞서 싸우기로 하고 1939년에 독일을 향해 전쟁을 선포했어요. 이렇게 해서 제2차 세계 대전이 벌어졌지요. 그런데 나치에 맞서 비폭력 방식으로 저항한 사람들 이야기는 세계 대전에 비해 덜 알려져 있어요.

나치는 유대인을 한눈에 알아볼 수 있도록 강제로 노란 별 표식을 달게 한 뒤 감시하고 함부로 폭력을 썼어요. 그러자 많은 사람이 유대인과 함께하겠다는 뜻으로 너도나도 노란 별 표식을 달아서, 이 제도를 소용없게 만들었지요. 심지어 덴마크 국왕도 노란 별을 달았어요. 그 밖에도 법을 어기지 않는 범위에서 여러 가지 방법으로 비밀 신호를 주고받았지요. 자칫 들키면 끔찍한 벌을 받을 수 있으니까요.

네덜란드 로테르담에는 유대인 친구들에게 친절하게 대하자는 포스터가 비밀리에 나붙었어요. '어린 늑대'라 불리는 청소년 단체는 나치에 반대하는 낙서를 폴란드 바르샤바 곳곳에 남기고 다녔지요. 노르웨이에서는 기차와 전차에 탄 승객들이 어느 누구도 독일군 옆에 앉으려고 하지 않았어요. 그러자 화가 난 독일군이 빈자리가 있어도 앉지 않으면 불법이라고 정해 버리기도 했지요!

그러던 어느 날, 독일 베를린에서 아직 잡혀가지 않았던 유대인들이 모두 체포당했어요. 그때까지 남아 있던 유대인은 대부분 비유대인 여성과 결혼한 남자들이었지요. 이제 그들의 아내들은 홀로 남겨지게 되었어요.

6천 명이나 되는 아내들은 남편들을 실은 트럭을 무작정 따라갔어요. 그리고 남편들이 갇혀 있는 건물을 에워싼 채 쉬지 않고 남편의 이름을 부르며 풀어 달라고 목 놓아 외쳤지요.

남편들은 아내들의 목소리가 들리자, 기쁨에 차서 창가로 다가갔어요. 금지된 일이었지만 막을 수 없었지요. 아내와 남편 들은 서로의 모습을 확인하며 눈물을 흘렸어요.

경찰은 어찌할 바를 몰랐어요. 아내들을 가까스로 흩어 놓아도 금세 다시 모여들었거든요. 이들을 돌려보낼 수 있는 유일한 방법은 원하는 대로 해 주는 것뿐이었지요. 결국 경찰은 유대인 남편들을 몇 시간 만에 풀어주었답니다.

또 독일의 의사들은 전쟁을 반대하는 젊은 남성들에게 건강이 나빠 입대를 면제받아야 한다는 가짜 증명서를 만들어 주기도 했어요. 나치에 반대하는 의사는 환자를 맞이할 때 당시에 강요했던 "하일 히틀러(히틀러 만세)!"라는 인사 대신 "구텐 탁(안녕하세요)!"이라고 인사했지요.

노르웨이의 교사들은 한 걸음 더 나아가, 나치의 뜻대로 혐오를 가르치는 일을 딱 잘라 거부했어요. 교사들이 복종하지 않자, 나치는 한 달 동안 학교 문을 닫았지요. 그러자 교사들은 비밀리에 아이들을 집으로 불러들여 수업을 이어 갔어요.

천 명이나 되는 교사가 나치의 정책에 따르지 않는다는 이유로 감옥에 끌려갔지만, 남은 교사들은 두려워하거나 굴복하지 않았어요. 결국 학교는 다시 문을 열었고, 감옥에 갇혔던 교사들도 풀려나서 다시 원하는 대로 가르칠 수 있게 되었지요.

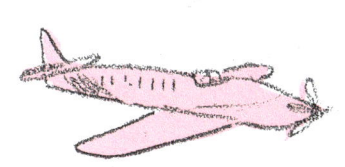

나치가 지배하던 독일과 몇몇 나라에서는 어디나 감시의 눈길이 번득였어요. 그저 거리로 나서는 것조차도 무척 위험했지요.

이런 상황에서 어느 날 독일 뮌헨 대학 곳곳에 전단이 뿌려졌어요. 나치가 저지르는 끔찍한 일들을 비판하며 함께 맞서 싸우자고 주장하는 내용이었지요.

이 전단을 뿌린 이들은 '백장미단'이라는 학생 단체였어요. 그들은 몇 차례에 걸쳐 전단을 뿌리고, 전국의 가정에 우편물로도 보냈지요.

백장미단은 결국 나치에 체포되어 며칠 만에 사형당했어요. 하지만 마지막으로 만든 전단은 몰래 독일 밖으로 전해졌지요.

독일과 싸우던 연합군은 백장미단이 만든 전단 수백만 장을 공중에서 뿌렸어요. 이 전단은 강제 수용소까지 전해져 수용소 사람들에게 큰 희망을 주었지요.

저기 봐! 도움의 손길이 다가오고 있어!

우리를 잊지 않았나 봐!

냄비를 두드려라!
칠레의 냄비 시위 '카세롤라소', 1971~1973년

칠레의 주부들이 밥을 지으려고 찬장을 들여다보니, 채소도 쌀도 콩도 다 떨어지고 없었어요. 남은 것이라곤 빈 냄비와 프라이팬뿐이었지요. 그들은 지금껏 살면서 저항이라는 걸 생각조차 해 본 적이 없었어요. 하지만 경제 위기로 먹을거리가 턱없이 모자라고 나라에서 주는 식량 배급도 형편없자, 이대로 가만있다가는 온 가족이 굶어 죽을 수도 있겠다는 생각이 들었지요.

그래서 여성들은 냄비를 들고 거리로 나갔어요. 나무 숟가락으로 냄비를 땡땡 두드려 대자, 많은 이들이 무슨 일이 벌어졌는지 보려고 거리로 나왔지요. 곧 시위대의 아이들까지 함께하면서, 온 동네가 냄비를 두드려 대는 땡땡 쿵쿵거리는 소리로 가득 찼어요. 집을 비우기 어려운 아이 엄마와 나이 지긋한 할머니 들은 부엌 창가로 나와서 함께했지요.

어느새 냄비 두드리는 소리는 온 사방에서 또렷하게 울려 퍼졌어요. 하도 빠르게 번져 나가다 보니 경찰도 막기가 어려웠지요. 냄비와 프라이팬 소리는 강력한 저항의 소리가 되어, 정부도 이들의 요구를 함부로 무시할 수 없었어요. 소음을 이용한 시위는 남아메리카 전체로 널리 퍼져서, 정치적 주장을 펼치는 쉽고 빠른 방법으로 활용되었지요.

사람들이 무엇을 주장하려고 냄비를 두드린 일은 이번이 처음은 아니에요. 중세 유럽의 농부들도 잘못된 결혼에 반대하거나 동네 불량배를 혼쭐내려고 냄비를 두드리면서 마을을 행진하곤 했거든요.

이제 '냄비를 두드린다'는 뜻의 '카세롤라소' 시위는 남아메리카를 넘어 전 세계에서 이루어지고 있어요. 아이슬란드 시위대는 냄비를 두드리며 의회를 방해하고 정치인의 사퇴를 요구함으로써 총리가 물러나고 새 정부가 들어서면서 '주방 기구 혁명'이 성공을 거두었지요. 캐나다 퀘벡에서는 학생들이 등록금을 내려 달라고 요구하며 밤마다 냄비를 두드렸어요. 이 방법은 코로나 19 바이러스가 전 세계에 퍼졌을 때도 사용되었지요. 이번에는 시위가 아닌 환자를 돌보고 감염을 줄이려 애쓰는 사람들에게 감사하는 마음을 표현하기 위해 창가나 계단에서 여럿이 함께 숟가락을 두드렸어요. 덕분에 몸은 떨어져 있지만 서로 연결되어 있음을 느낄 수 있었지요. 어떤 지역에서는 집 안에 머무르면서도 정부의 선택을 지켜보고 있다는 것을 표현하고자 냄비를 두드리기도 했어요.

음식

누구나 음식이 필요해요. 그래서 역사적으로 음식으로 인해 저항 운동이 더 맹렬해지곤 했지요. 사람들은 음식을 더 평등하게 나누기 위해 오랫동안 노력해 왔어요.

특별한 전략

자유를 향한 머리 땋기, 1400~1800년대

아프리카 사람들이 강제로 배에 실려 수천 킬로미터나 떨어진 아메리카 대륙에 노예로 끌려갈 때, 독특한 저항 방법을 찾아낸 여성들이 있었어요. 아이와 그들의 머리카락에 아프리카의 쌀과 씨앗과 콩을 몰래 넣어 머리를 땋은 거예요. 그리고 아메리카 대륙의 플랜테이션 농장에 도착한 뒤 비밀리에 가져온 씨앗을 심어서 몰래 먹을거리를 마련했어요. 그들은 친숙하고 영양이 풍부한 음식을 먹으면서 고향을 떠올렸지요.

아침밥 혁명, 1960~1970년대

'블랙팬서', 즉 '흑표범단'은 인종 차별 제도에 저항하는 미국의 급진적인 조직이었어요. 블랙팬서는 빈속으로는 세상을 바꿀 수 없다고 생각해서 가난한 흑인 가정 아이들이 학교에 가기 전에 아침을 먹을 수 있도록 무료로 아침 식사를 제공했지요. 이 운동은 미국 전체로 빠르게 번져 나갔어요. 정부는 처음에 이 운동을 막으려 했지만, 몇 년이 지나자 직접 학교에서 아침 식사를 제공하는 제도를 마련했지요.

핵무기에 반대하는 평화의 차, 1962년

인도의 평화 운동가 사티쉬 쿠마르와 EP 메넌은 인도 뉴델리에서 출발해서 러시아 모스크바, 프랑스 파리, 영국 런던 그리고 미국 워싱턴까지 평화의 순례길을 걸었어요. 각 나라의 지도자를 만나 핵무기 반대에 동참해 달라고 설득할 계획이었지요. 이들이 아르메니아에 있는 차 공장을 지나갈 때, 공장에서 일하는 여성들이 '평화의 차' 네 통을 건넸어요. 각 나라의 지도자에게 전해 달라며 이렇게 말했지요.
"핵무기 단추를 눌러야겠다는 생각이 들면, 잠시 멈추고 신선한 차 한 잔을 마셔 보세요."

비싼 치즈 불매 운동, 2011년

어느 날, 이스라엘에서 가장 인기 많은 코티지치즈의 값이 갑자기 두 배로 뛰었어요. 한 활동가가 이스라엘 사람들에게 코티지치즈를 사지 말자고 주장하는 페이지를 만들어 페이스북에 글을 올린 뒤로, 슈퍼마켓 매대에서는 치즈가 팔리지 않아 상해 갔어요. 값이 내려갈 때까지 아무도 코티지치즈를 사지 않았지요.
이 불매 운동은 사람들에게 큰 관심을 끌어, 독점 기업이 지나치게 높은 가격을 매기는 문제를 비판하며 사회 정의 운동으로 이어졌어요.

쌀 푸딩 잔치, 2000년대

몰디브 수도 말레의 시민들은 30년이나 대통령 자리에 있었던 '마문 압둘 가윰'이라는 독재자를 쫓아내고 싶었어요. 이때 바닷가에서 전통 쌀 푸딩을 만들어 먹는 잔치가 열리자, 온 도시 사람들이 몰려왔지요. 집단 모임이 금지되어 있었지만 아랑곳하지 않고, 함께 커다란 접시에 놓인 쌀 푸딩을 먹으며 어떻게 하면 정권을 무너뜨릴지 이야기 나누었어요. 경찰이 음식을 빼앗고 사람들을 집에 돌려보내자, 쌀 푸딩은 그 뒤 저항의 상징이 되었고 정권에 저항하는 쌀 푸딩 잔치가 몰디브 곳곳에서 계속 열렸어요. 그리고 마침내 독재자를 쫓아내고 새 대통령을 뽑을 수 있었답니다.

화합의 음식 탕평채, 1700년대

조선의 영조 임금은 당파 싸움으로 큰 어려움을 겪자 '탕평책'을 폈어요. 한 당파에 치우치지 말고 인물의 능력을 보며 골고루 인재를 뽑고자 하는 정책이었지요. 영조는 탕평책에 대해 신하들과 이야기를 나누는 자리에 '탕평채'라는 새로운 음식을 내왔어요. 탕평채는 청포묵에 갖은 재료를 섞어 만든 묵무침이었는데, 청포묵의 흰색, 고기의 붉은색, 미나리의 푸른색, 김의 검은색은 당시 권력을 잡았던 당파로 알려진 서인, 남인, 동인, 북인을 상징했어요. 이 재료들이 잘 섞여야 탕평채의 참맛이 나듯이 신하들도 서로 어울려야 나라가 부강해질 수 있다는 뜻이 담겨 있었지요. 영조는 신하들에게 하고 싶은 말을 음식으로 표현한 거예요.

맛있는 저항, 1950년대

아프리카계 미국인 조지아 길모어는 버스 승차 거부 운동(92쪽 참고)에 참여했다는 이유로 요리사로 일하던 식당에서 쫓겨났어요. 그러자 아예 집에다 식당을 차려서 활동가들이 이 식당에서 걱정 없이 먹으며 이야기를 나눌 수 있게 했지요. 당시엔 활동가들의 이야기를 엿듣거나 음식에 몰래 독을 타는 이들이 많았거든요. 길모어는 여러 여성과 함께 '어디에도 없는 클럽'을 만들고, 돼지갈비 요리와 고구마파이를 미용실이나 교회에 팔아서 버스 승차 거부 운동에 쓰일 기금을 모았어요.

제 7 부

정의와 자유의 강물

"나는 꿈이 있습니다!"

자유와 공민권 운동

인종 분리와 차별을 넘어서
미국 흑인의 공민권 운동, 1940~1960년대

1940년대 미국, 특히 남부 지역에서는 피부색에 따라 생활 공간이 분리되어 있었어요. '짐 크로 법'에 따라 학교나 식당, 화장실, 극장, 버스 같은 공공시설에서 흑인과 백인의 구역이 나뉘어 있었고, 흑인은 백인보다 훨씬 질 낮은 시설을 써야 했지요. 노예제는 이미 지난 세기에 폐지되었지만, 아프리카계 미국인 즉 흑인은 아직도 날마다 폭력과 차별에 맞닥뜨려야 했어요.

1945 **1949** **1950**

> 난 제대로 요금을 냈어. 자리를 비켜 주지 않을 거야.

흑인 육군 여성 두 명이 버스에서 백인 남성에게 자리를 내주지 않고 버티자, 운전기사가 두 사람에게 소리 지르며 때렸어요. 이렇게 짐 크로 법에 가장 먼저 맞서 싸운 사람들 가운데 흑인 군인들도 있었어요. 이들은 미국을 지키는 군인이었지만, 정작 조국에서 동등하게 대접받지 못했지요.

10대 아이들인 에드위나와 마셜 존슨 남매는 미국 동부의 뉴저지주에서 살았어요. 이곳에서는 버스 좌석이 피부색에 따라 나뉘어 있지 않아서 앨라배마주 몽고메리의 친척 집에 놀러 갔을 때 이 법을 알고 깜짝 놀랐지요. 결국 백인에게 좌석을 양보하지 않다가 체포되었어요.

흑인 버스 승객은 앞문으로 들어가 요금을 낸 다음 내려서 다시 뒷문으로 타야 했어요. 하지만 참전 용사였던 힐리어드 브룩스는 이런 규칙에 따르지 않았지요. 화가 난 운전기사가 경찰을 부르자, 경찰은 브룩스를 때리고 총을 쏘았어요. 그는 결국 부상으로 숨을 거두게 되었지요.

이들이 본격적으로 차별에 맞서 싸우기 시작한 곳은 바로 버스였어요. 당시의 흑인은 버스 뒷자리에만 앉을 수 있었는데 그나마도 백인 승객이 앉겠다고 하면 비켜 줘야 했지요. 앨라배마주 몽고메리를 중심으로 이 제도에 반대하는 움직임이 일어나기 시작했어요.

1955

1955

1955

15살의 소녀인 클로뎃 콜빈은 평소 피부색에 따라 사람을 차별하는 짐 크로 법이 잘못되었다고 생각했어요. 콜빈은 소신대로 백인 여성에게 버스 자리를 양보하지 않다가 체포되었지요. 끌려가는 동안에도 스스로 마음을 다잡으려고 시를 읊었다고 해요.

클로뎃 콜빈 사건이 널리 알려지면서 더 많은 사람이 버스에서 저항했어요. 미스 수는 피부색이 밝아서 앞자리에 앉아도 됐지만, 언제나 운전기사에게 당신이 착각했노라고 말했지요. 결국 미스 수가 체포되어 법정에서 이 사건이 다뤄지면서 짐 크로 법을 폐지하는 데 도움이 되었어요.

로자 파크스는 오랫동안 짐 크로 법에 반대하며 열심히 싸웠어요. 어느 날 로자 파크스가 버스에서 백인에게 자리를 비켜 주지 않아 체포되자, 이 소식은 몽고메리 흑인 사회에 빠르게 퍼졌지요. 같은 생각을 가진 많은 이들이 로자 파크스와 함께 맞서 싸우기로 했어요.

로자 파크스의 체포 소식이 알려지면서, 몽고메리의 흑인들 사이에 버스 승차 거부 운동이 시작되었어요. 많은 이들이 버스는 안전하지도 공평하지도 않다는 것을 보여 주려고 비를 맞더라도 걸어서 출근했지요. 흑인이 소유한 택시 회사가 사람들을 일터로 데려다주기도 했어요. 버스 승차 거부 운동이 무려 13개월이나 이어지자, 마침내 미국 연방 대법원은 공공 버스에서 좌석 분리 제도를 없애기로 결정했지요.

이렇게 인종 차별 철폐 운동에 불이 붙자, 미국 남부 곳곳에서 여러 운동 단체가 생겨났어요. 교회 신자와 대학생 들이 모임을 만들고, 여러 단체가 함께 대규모 항의 시위를 조직하기도 했지요.

1950년대와 1960년대 미국의 10대 청소년은 커다란 상점 안에 있는 간이식당에서 어울려 놀기를 좋아했어요. 그곳에서 밀크셰이크를 마시며 잡담을 나누고 음악도 들었지요. 하지만 흑인 학생들은 인종 차별 때문에 간이식당에 앉을 수 없었어요.

어느 날 노스캐롤라이나주의 그린즈버러에 사는 학생 네 명이 이 멍청한 법을 없애기로 마음먹었어요. 1960년 2월 1일 오후 4시 30분, 그들은 백인만 앉을 수 있는 간이식당에 들어가 자리에 앉은 뒤 커피를 주문했지요. 식당 주인이 나가라고 소리치며 협박했지만, 학생들은 가게가 문 닫을 때까지 꿈쩍 않고 버텼어요. 다음 날에도 학생들은 간이식당에 나타났는데, 이번에는 더 많은 친구들과 함께 가서 숙제까지 했지요. 이렇게 백인 전용 식당에 흑인 젊은이들이 버티고 앉아 있는 저항은 이웃 마을까지 번져 갔어요. 두 달이 지났을 땐 9개 주의 54개 도시에서 식당 농성이 일어났지요.

식당 농성을 벌이는 활동가들은 누군가 그들에게 호통을 치거나 케첩을 뿌려 대도 평화롭게 자리를 지키며 여러 시간 동안 꿋꿋이 참아 냈어요. 식당에 앉아 버티다 보면 옷이 온통 양념투성이가 되곤 했지만, 언제나 깔끔하게 차려입고 다시 시위하러 갔지요. 그 당시 활동가 조앤 컨트리맨은 이렇게 말했어요. "우리는 우리의 겉모습을 보고 지적하는 사람이 없길 바랐어요. 우리의 주장만으로도 충분히 논란이 되었으니까요." 때로 그들은 지켜보는 사람들에게 신분이나 감정이 드러나지 않도록 선글라스를 끼기도 했어요.

시위대는 이처럼 변화를 이루기 위해 직접 행동에 나섰고, 이들의 힘을 무시할 수 없다는 걸 확실히 보여 주었어요. 그리 오래 지나지 않아 여러 간이식당이 흑인 손님을 받기 시작했지요.

이렇게 인종 차별이 있는 곳마다 창의적인 시위가 끊임없이 펼쳐졌어요. 다음 해 여름이 되자 젊은 흑인과 백인 활동가 들은 장거리 버스를 함께 나란히 앉아 가기로 했지요. 인종 차별주의자들은 그들의 '자유를 위한 승차' 운동에 화가 난 나머지 버스 한 대를 폭파했어요. 또 활동가들이 긴급회의를 하려고 모인 흑인 교회에 불을 지르겠다고 협박하기도 했지요. 인종 차별주의자들의 공격이 너무 심해지자, 대통령은 어쩔 수 없이 경찰과 호송 부대를 보내 시위 참가자들을 보호하고 목적지까지 안전하게 데려다주도록 했어요.

온갖 위험을 무릅쓴 용감한 활동가들 덕분에 더 많은 사람이 자유를 위한 승차에 함께했고, 마침내 장거리 버스에는 흑인과 백인 승객이 나란히 앉을 수 있게 되었답니다.

몇 가지 법과 제도가 바뀌었지만, 흑인들이 백인과 동등한 '공민권'을 보장받으려면 여전히 갈 길이 멀었어요. 이 공민권 운동을 가장 앞장서서 이끌던 지도자 마틴 루서 킹은 1963년에 앨라배마주 버밍햄으로 가서 새로운 저항 운동을 시작했지요. 이로써 '비폭력 직접 행동'의 새로운 물결이 시작되었고, 이번에는 아이들도 함께했어요. 차별에 맞서 싸우는 '어린이 십자군'이 일어난 거예요.

5월의 어느 목요일 아침, 7학년생 궨덜린 샌더스가 학급 친구들을 이끌고 학교 밖으로 나왔어요. 교장 선생님은 학교 문을 닫아 막으려 했지만, 아이들은 창문으로 빠져나와서 교장 선생님 옆을 유유히 지나쳤지요. 마침내 수백 명에 이르는 온 도시의 아이들이 시내의 한 교회에 모여들었어요.

아이들은 무전기로 정보를 주고받으면서, 한 번에 50명씩 모여 동네 상점, 식당, 정부 건물로 갔어요. 그러고는 차별 제도가 남아 있는 가게와 회사의 주인들에게 인종 차별법이 얼마나 불공평한지 이야기했지요. 아이들은 평화롭게 거리를 행진했지만, 곧 경찰에 체포되었어요. 하지만 그때마다 더 많은 아이들이 교회에서 나와 그 자리를 대신했지요.

시위 이틀째가 되자 경찰서 유치장이 아이들로 가득 찼어요. 여러 신문에는 아이들이 소방 호스에서 뿜어 나오는 거센 물대포로 공격당하는 사진이 실렸지요. 사람들은 이 비상사태를 국가적인 수치로 여겼어요. 소방관들은 자신들의 행동에 부끄러움을 느껴 더는 아이들을 향해 호스를 겨누지 않았고, 전날에 물대포로 홍수가 난 교회를 청소하면서 용서를 구했지요. 시위대가 거리를 가득 메우자 문을 닫았던 상점 주인들도 며칠이 지난 뒤 시위대와 뜻을 함께하게 되었어요. 앨라배마주 정부가 아이들에게 잔인하게 대응한 사실이 폭로되면서 결국 경찰국장과 시장은 자리에서 물러났고 버밍햄은 완전히 다른 도시가 되었지요.

버밍햄에서 일어난 사건은 미국 역사에서 가장 규모가 큰 행진으로 이어졌어요. 미국에서 활동하는 모든 공민권 운동가들이 뭉쳐 그해 8월에 '직업과 자유를 위한 워싱턴 행진'이 열리게 되었지요. 수도 워싱턴은 온 나라에서 기차와 비행기를 타고 몰려온 공민권 운동가들로 가득 찼어요. 마틴 루서 킹은 이 수많은 인파 앞에서 그 유명한 "나는 꿈이 있습니다."로 시작되는 연설을 했지요.

마침내 1964년에 공민권법이 통과되었고 점차 흑인에게 투표권과 주거권이 보장되었어요. 1950년대와 1960년대에 인종 차별을 없애고 공민권을 얻고자 노력했던 많은 이들의 노력은 역사상 가장 급격한 변화를 이루었을 뿐 아니라, 오늘날까지 큰 영향을 미치고 있답니다.

무지개 깃발을 들어라!
성 소수자들의 권리를 위한 미국 뉴욕 스톤월 항쟁, 1969년

1960년대에 성 소수자로 산다는 것은 아주 힘든 일이었어요. 그들은 자신의 성 정체성에 부끄러움을 느끼도록 강요받았고, 어디서도 환영받지 못했지요. 성 정체성을 드러냈다가는 쫓겨나거나 체포되거나 공격당하기도 했어요.

동성애자들은 함께 모여 저항하기 시작했어요. 처음 이들이 거리에 나와 행진할 때는, 동성애자도 점잖고 평범한 보통 사람들이라는 걸 보여 주려고 깔끔한 정장과 드레스로 잘 차려입었어요. 행사 이름도 '동성애자 인권을 알리는 사람들'이라고 고상하게 붙였지요. 하지만 시간이 지나도 관련 법이 조금 바뀌었을 뿐, 성 소수자들은 여전히 이등 시민 취급을 받으며 계속 성 정체성을 숨긴 채 살아야 했지요.

성 소수자들이 자기다운 모습으로 편하게 시간을 보낼 수 있는 유일한 곳은 '게이 바'뿐이었어요. 뉴욕에 있는 스톤월 주점은 동성애자들의 중요한 모임 장소였지요. 이곳은 춤추며 즐길 수 있는 유일한 곳일 뿐만 아니라, 남다른 성 정체성 때문에 거리로 내몰린 집 없는 젊은이들에게 쉼터가 되어 주기도 했어요. 하지만 이곳 역시 경찰이 주기적으로 들이닥쳐 아주 안전하지는 않았어요.

어느 날 밤, 그날도 경찰은 스톤월 주점에 갑자기 들이닥쳐 눈에 띄는 사람들을 마구 체포하기 시작했어요. 그러다 보면 평소처럼 모두 다 순순히 자리를 뜰 줄로 알았지요. 하지만 그동안 참을 만큼 참았던 성 소수자들은 더는 경찰 뜻대로 내버려 두지 않았어요. 이때 더 많은 사람이 몰려와 스톤월 주점을 에워싸고 경찰을 그 안에 가두었지요. 그러자 경찰 지원 병력이 나타나 사람들을 공격하면서 상황은 폭동으로 변했어요. 경찰이 눈을 돌리는 곳마다 시위대가 있었고, 저마다 다채로운 모습으로 저항했지요.

폭동은 여섯 밤이나 계속되었어요. 흑인 성전환자 활동가였던 마샤 존슨과 실비아 리베라가 저항의 중심에 있었지요. 당시 신문들은 성 소수자 관련 소식은 다룰 만한 가치가 적다고 여겨서, 그날 밤에 무슨 일이 일어났는지 사람들에게 잘 알려지지 않았어요. 스톤월 항쟁이 성 소수자의 권리를 위한 가장 중요한 전환점이 될 줄은 알지 못했던 거예요. 그 뒤 해마다 세계 곳곳에서 '프라이드(자부심)'라는 이름으로 거리 축제가 펼쳐지게 되었지요.

인종 분리 정책을 철폐하라!
남아프리카 공화국의 아파르트헤이트 폐지 운동, 1940~1990년대

남아프리카 공화국(남아공)은 아프리카의 다른 나라와 마찬가지로 17세기에 유럽에서 건너온 백인 이주민의 식민지가 되었어요. 처음부터 흑인을 괴롭히는 인종 차별이 일상이었지요.

1948년에 권력을 잡은 새 정부는 인종 차별을 아예 법으로 못 박았어요. 이 제도는 '분리, 격리'라는 뜻을 지닌 '아파르트헤이트'라고 불렸지요. 흑인은 강제로 백인이 지내는 곳에서 멀리 떨어진 지역으로 가서 살아야 했어요. 그들의 고향과 공동체를 떠나 고된 일을 하면서도 턱없이 낮은 임금을 받았고, 시설이 형편없는 학교와 병원에 가야 했지요. 정부는 흑인이 언제 어디에 가든지 늘 감시하려고, 반드시 통행증을 들고 다니도록 했어요.

아파르트헤이트 정책 때문에 흑인을 비롯한 여러 유색인의 삶이 점점 더 힘들어지자, 빼앗긴 권리를 되찾으려는 움직임이 일어나기 시작했어요. 넬슨 만델라, 올리버 탬보, 월터 시술루 같은 젊은이들은 '아프리카 민족 회의'를 중심으로 비폭력 불복종 운동을 일으켰지요. 그들은 통행증을 불태우거나 일부러 아파르트헤이트 정책을 어기기도 했어요.

시위대는 버스나 화장실이나 식당에 백인 전용 표시가 붙어 있어도 무시하고 들어갔어요. 미국 공민권 운동가들이 시작했던 저항 운동 방식과 비슷했지요. 그들은 이런 식으로 체포된 사람이 너무 많으면, 감옥에 자리가 없어서라도 정부가 정책을 바꿀 거라고 기대했어요.

하지만 정부는 어떤 희생을 치르더라도 저항 운동을 막겠다며, 운동가들을 끊임없이 체포하여 감옥에 꾸역꾸역 밀어 넣었어요. 넬슨 만델라 같은 지도자는 저항 운동을 이끌지 못하도록 감옥에 몇십 년 동안 가두어 놓았고, 거리 시위가 벌어지면 경찰을 보내 공격했지요.

마침내 1960년에 아파르트헤이트 정책을 어기며 저항하는 대규모 불복종 운동이 일어났어요. 시위대 수천 명이 통행증을 집에 두고 나온 거예요. 이들은 샤프빌에 있는 경찰서로 평화롭게 행진하며 순순히 체포당하기로 했지요. 하지만 경찰은 시위대에 총을 겨누며 달아나는 이들을 함부로 쏘았어요. 수많은 사람이 죽음을 당했고, 그 뒤로도 며칠에 걸쳐 전국에서 수만 명이 체포되었지요.

샤프빌 사건 뒤로 아파르트헤이트 폐지 운동가들은 지하로 숨어 들어가거나 나라를 떠나야 했어요. 그래도 이 비극적인 불복종 운동으로 인해 남아공의 심각한 인종 차별이 전 세계에 알려졌고, 여러 나라에서 아파르트헤이트에 반대하는 단체가 생겨났지요. 이들은 남아공 활동가들이 몸을 숨긴 동안 저항의 불꽃이 사그라지지 않게 지켜 주었어요.

전 세계 수많은 이들이 아파르트헤이트 폐지 운동을 지지하고자 남아공 상품 불매 운동을 벌였어요. 남아공 정부에 인종 분리 정책을 폐지하라는 요구를 간단하면서도 강력한 방법으로 전달한 거지요.

또한 백인으로만 이루어진 남아공의 스포츠팀은 전 세계에서 열리는 여러 스포츠 대회에서 참가를 거부당했어요. 영국의 젊은이들은 남아공 선수들이 참가한 럭비와 크리켓 경기장에 들어가 항의 시위를 벌이기도 했지요. 어느 아침에는 남아공 선수들이 경기에 나가려고 호텔 방을 나서는데, 문손잡이가 돌아가지 않았어요. 모두 잠들어 있을 때 어느 여자아이가 몰래 들어와 문마다 온통 접착제를 발라 놓은 거예요.

그뿐 아니라, 한 저항 운동가는 남아공 선수들의 전용 버스 운전석에 운전기사인 척하며 앉아 팀 전체를 머나먼 들판에다 내려 주었어요. 그래서 선수들은 경기장에 들어가야 할 시간에 어딘지 모를 곳에서 헤매고 다녀야 했지요. 시위대는 남아공 선수들이 경기에 참가하는 것을 막을 수 있다면 무슨 일이든 할 기세였어요. 경기장에 두더지를 풀어서 깔끔한 잔디를 엉망진창으로 파헤치겠다며 으름장을 놓기도 했지요.

한편 남아공에서도 아파르트헤이트 폐지 운동이 점점 발전해 갔어요. 새로 시작된 '흑인 의식 운동'은 흑인들이 기본적인 인권을 넘어서서, 자기 문화에 자부심을 품고 살아가는 것이 중요하다고 강조했지요.

이런 생각이 널리 퍼지면서 1976년에는 학생들의 주도로 '소웨토 항쟁'이 일어났어요. 당시 남아공의 백인 지배층은 대부분 네덜란드 출신이어서 네덜란드어가 현지 언어의 영향을 받아 변형된 아프리칸스어를 썼지요. 정부는 모든 남아공 어린이에게 자기 부족 언어 대신 아프리칸스어만 쓰도록 했어요. 학생들은 아침에 학교생활을 시작할 때마다 아프리칸스어로 주기도문을 외워야 했지요. 그러던 어느 날, 학생들은 주기도문 대신 '은코시 시켈렐 이아프리카(주여, 아프리카를 구원하소서)'라는 노래를 불러서 교사들에게 충격을 주었어요. 학생들의 이런 계획은 부모들도 알지 못했지요. 노래가 끝나자 학생들 무리는 이 학교 저 학교로 옮겨 다니면서 더 많은 아이를 불러 모았어요.

수천 명의 흑인 학생들로 이루어진 시위대는 어린이와 청소년이었음에도 불구하고 경찰은 아랑곳없이 잔인하게 공격했어요. 수백 명에 이르는 어린 학생들의 목숨을 앗아간 경찰의 폭력에, 남아공을 넘어 전 세계에서 분노와 슬픔이 흘러넘쳤지요. 분노한 여러 나라는 아파르트헤이트 정권에 무기를 팔거나 돈을 빌려주지 않았어요. 중요한 협상도 벌이기를 거부했지요.

어느덧 아파르트헤이트에 맞서 싸운 지 30년이 지나 1980년대가 되자 전 세계에서 지금껏 보지 못한 엄청난 지지가 쏟아졌어요. 힘을 얻은 운동가들은 마침내 남아공에서 변화가 이루어지리라 굳게 믿고, 아파르트헤이트의 마지막을 준비했지요.

외국으로 쫓겨난 운동가들도 마지막 힘을 보태려고 남아공으로 돌아왔어요. 하지만 들키면 금방 체포되어서 다른 사람처럼 꾸미고 숨을 곳을 알아보아야 했어요. 인정 많은 치과 의사나 연극계에 있는 친구들의 도움을 받아 가발, 의치, 가짜 코로 변장하고 옷도 지어 입었지요. 유럽 운동가들은 남아공으로 이주해서 가정을 꾸리고 정원사와 요리사를 고용하기도 했어요. 사실 그 정원사와 요리사는 아파르트헤이트 폐지 운동가였고, 그 집을 사무실로 쓰면서 정권을 무너뜨릴 계획을 세웠지요.

운동가들은 정부가 자신들의 뜻에 따르지 않으면 남아공을 통치할 수 없도록 여러 가지 계획을 세웠어요. 남아공 거리 곳곳에서 시위가 벌어지자 경찰은 보라색 물감이 든 스프레이를 뿌려 누가 시위에 참여했는지 가려내려고 했지요. 하지만 사람들은 온몸이 보랏빛으로 물드는 일을 자랑스럽게 여기며 "보랏빛이 나라를 다스릴 것이다!" 라고 외쳤어요.

이즈음 넬슨 만델라는 27년째 감옥에 갇혀 있었어요. 만델라는 오랜 감옥 생활에도 희망을 잃지 않고 건강하게 지내면서 남아공의 해방에 대한 신념을 편지로 전했지요. 만델라의 이야기는 전 세계에 널리 알려져 남아공에서 멀리 떨어진 나라에 만델라의 이름을 딴 거리와 건물이 들어서기도 했어요. 국내외에서 엄청난 수의 사람들이 아파르트헤이트에 반대하자, 남아공 대통령은 어쩔 수 없이 인종 차별 정권이 막을 내릴 때가 되었다는 것을 깨달았지요. 넬슨 만델라는 1990년에 드디어 감옥에서 풀려났어요. 그리고 마침내 1994년에 남아공 흑인들에게 처음으로 투표권이 생겨 넬슨 만델라가 대통령으로 뽑혔답니다

스포츠

스포츠 선수들은 경기를 통해 수많은 관중의 관심을 받아요. 그들의 행동 하나하나는 언제든 카메라에 잡혀 전 세계 시청자들에게 영향을 미치지요. 때로는 경기장의 관중들도 직접 저항 운동에 참여하곤 한답니다.

특별한 전략

올림픽 단상 위의 시위, 1968년

미국에서 흑인 공민권 운동이 한창이던 1968년, 두 운동선수가 올림픽 무대에서 흑인 인권 운동을 상징하는 경례를 했어요. 미국 단거리 육상 국가 대표인 토미 스미스와 존 칼로스는 메달을 딴 뒤 단상에 올라서서, 검은 장갑을 낀 주먹을 치켜올렸지요. 그러자 관중들은 야유하며 물건을 던졌고, 두 사람은 정치적인 행동을 했다는 이유로 메달을 잃을 뻔했어요. 하지만 이 상징적인 장면은 전 세계에 방송되면서 역사에 길이 남은 유명한 순간이 되었지요. "수많은 사람이 그 장면에서 영감을 받았습니다. 아마도 나는 그 장면을 위해 태어났을지도 모릅니다." 존 칼로스는 이렇게 말했어요.

축구 경기를 보러 간 여성들, 1990년대 이후

이란에서 40년 동안 여성이 축구 경기장에 가는 걸 금지하자, 1997년에 여성 5천 명이 경기장으로 몰려갔어요. 그들은 여성도 축구장에 들여보내 달라고 적힌 플래카드를 텔레비전 카메라에 대고 흔들다가 엄청난 인파에 묻혀 체포를 피했어요. 나중에는 여성 몇몇이 남자처럼 옷을 입고 몰래 경기장에 들어가기도 했지요. 드디어 2019년에 여성 100명이 축구 경기장에 들어갈 수 있게 되었지만 지금도 시위는 계속되고 있답니다.

인종 차별 국가의 경기 참가 금지, 1960~1990년대

남아프리카 공화국의 극심한 인종 분리 정책 '아파르트헤이트'에 분노하는 목소리가 커지면서, 남아프리카 공화국과 경기하기를 거부하는 스포츠팀도 늘어났어요. 탁구, 크리켓, 럭비, 체스 등 여러 분야의 선수들은 항의하는 뜻으로 경기장에 나타나지 않았지요. 그로 인해 여러 경기가 혼란스러워지자 올림픽을 비롯한 여러 스포츠 행사의 주최 측은 남아프리카 공화국의 참가를 금지했어요. 이렇게 다양한 국제 연대와 지지가 이어져, 마침내 아파르트헤이트를 끝낼 수 있었지요.

축구 경기장에 울려 퍼진 합창, 1970~1980년대
군사 독재 정권이 우루과이를 지배하던 때, 정부에 공개적으로 항의하는 사람은 감옥에 끌려갔어요. 그래서 축구 경기를 보러 간 관중들이 궁리 끝에 답답한 마음을 표현할 방법을 찾아냈지요. 경기 시작 전에 국가가 울려 퍼지면 대충대충 부르다가 악단이 "독재자는 두려움에 떨리라."라는 부분을 연주할 때면 갑자기 모든 관중들이 목소리를 최대한 높여서 거칠게 따라 불렀어요. 정부는 이 부분을 못 부르게 하자니 너무 낯 뜨겁고, 경기장에 있는 그 많은 사람을 다 처벌할 수도 없었지요. 이 저항의 합창은 희망이 살아 있음을 보여 주었고, 마침내 독재 정부가 막을 내리게 되었지요.

나치에 저항한 사이클 선수, 1940년대
나치가 이탈리아를 점령했을 때, 유명한 사이클 선수 지노 바르탈리는 유대인들이 안전하게 이탈리아를 떠날 수 있도록 몰래 위조 신분증과 돈을 마련해 주었어요. 자전거 프레임과 손잡이에 위조 신분증을 숨긴 채, 훈련 중인 것처럼 산을 넘어서 멀리 떨어진 도시를 오갔던 거예요. 누군가 자전거를 조사하려 들면 함부로 자전거를 만졌다가는 '섬세하게 맞춰 놓은 공기역학적 기능이 흐트러지고 말 것'이라고 으름장을 놓았지요. 바르탈리는 워낙 유명한 선수라 경찰도 함부로 어쩌지 못했어요. 바르탈리는 그렇게 무려 800명이 넘는 유대인의 목숨을 구했지만, 이 일에 관해 절대로 말하지 않았지요. 그는 "어떤 훈장은 외투가 아니라 영혼에 달기도 한다."라는 말을 남겼어요.

무릎을 꿇다, 2016년
프로 미식축구 선수인 콜린 캐퍼닉은 경기 시작 전에 미국 국가를 부르지 않기로 결심했어요. "나는 흑인과 유색인을 억압하는 나라의 국기 앞에 일어서서 자부심을 표현하지 않겠다." 캐퍼닉은 이렇게 말하며 국가를 부르지 않은 채 한쪽 무릎을 꿇고 앉아 있었지요. 처음에는 이런 행동이 논란이 되었어요. 하지만 다른 선수들도 함께 캐퍼닉처럼 무릎을 꿇었고, 2020년에는 미국의 평범한 흑인 남성 조지 플로이드가 경찰에게 살해당하면서 한쪽 무릎을 꿇는 일이 저항의 상징이 되었지요. 또 많은 선수가 이 사건에 항의하는 뜻을 나타내고자 경기에 아에 참여하지 않겠다고 선언하기도 했어요.

제 8 부

우리 모두 함께

"현실을 똑바로 바라보며
불가능한 꿈을 품자!"

자유와 평화와 자연을 지킨 사람들

프랑스는 따분해!
프랑스 68 운동, 1968년

이웃과 이야기 나누어요

민중을 위한 대학

1960년대에는 여러 사건이 전 세계를 뒤흔들었어요. 하지만 프랑스 젊은이들에겐 가슴 뛰는 일이 전부 머나먼 곳에서 일어나는 것만 같았지요. 텔레비전이 보급되면서, 사람들은 미국 공민권 운동과 베트남 전쟁 반대 운동을 뉴스로 보게 되었어요. 또 그들의 샤를 드골 대통령을 뉴스로 만나게 되면서 얼마나 현실과 동떨어졌는지 깨닫게 되었지요.

정치는 거리에서

한편 프랑스 대학들은 학생들에게 학문을 가르치기보다 규칙만 강요했어요. 학생들은 기숙사 방이 작아서 친구들과 모여 정치 토론을 벌일 수 없었지요. 이성 친구를 데려올 수도, 가구를 마음대로 바꿀 수도 없었어요. 게다가 교수들은 학생을 성인으로서 동등한 입장에서 대화하기보다는 무시하며 하찮게 대했지요. 또 수업이 끝나면 서둘러 교수 연구실로 돌아가 그들끼리 대화하기에 바빴어요. 학생들은 점점 자유에 목말라 갔고, 그들의 목소리가 존중받기를 바랐지요.

아름다움은 거리에 있다

참다못한 낭테르 대학의 몇몇 학생들이 강의를 방해하고 나섰어요. 그들은 다른 학생들에게 갑갑한 강의실에서 벗어나 밝은 햇빛 아래로 나가자고 제안했지요. 그 학생들은 스스로를 '앙라제(화난 사람들)'라 불렀어요. 앙라제는 18세기 프랑스 혁명 때 활동했던 급진적 혁명 세력이었지요. 곧 수백 명의 학생들이 앙라제와 함께했어요. 그들은 교수 연구실로 몰려가 교수들을 몰아내고 문을 잠근 뒤 점거 농성을 시작했지요. 학생들은 저항 운동을 펼치며 대학을 장악했어요. 그들로부터 시작된 규칙을 깨뜨리는 운동은 점차 다른 대학들로 널리 퍼져 저항의 분위기가 프랑스 사회를 온통 뒤흔들게 되었지요.

우리가 힘이다

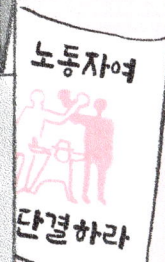

오랫동안 너무 낮은 임금을 받아 불만이 많았던 공장 근로자들도 학생들의 시위에 공감하며 파업에 들어갔어요. 그 외에도 점점 더 많은 사람들이 동참하여, 두 달 뒤에는 시위대 천만 명이 거리로 쏟아져 나왔지요. 그들은 극장을 점거한 채 일터와 강의실에 돌아가길 거부하며 어떤 억압도 사라진 자유롭고 평등한 삶을 요구했어요. 시위대는 온갖 구호가 쓰여 있는 포스터를 '예술 공장'에서 인쇄해 파리 시내 곳곳에 붙였지요. 실크 스크린으로 인쇄된 화려하고 혁명적인 포스터는 전시장을 방불케 했어요.

이루어진다

수많은 노동자가 파업과 시위에 참여하자, 얼마 지나지 않아 프랑스 전체가 마비되어 버렸어요. 아무도 차를 몰고 출근하지 않으니 거리에서 차가 모두 사라졌지요. 그 대신 거리를 가득 메운 사람들이 이리저리 돌아다니며 서로 이야기 나누고 낯선 사람끼리도 친구가 되었어요. 근로자가 없으니 쓰레기를 치울 사람도 가게에 물건을 들여놓을 사람도 없어 사회가 제대로 돌아가지 않았지요. 결국 정부는 임금을 크게 높여 주겠다고 제안했어요.

시위대는 정부를 바꿔 버릴 만큼 세력이 강해져서, 학생들은 무엇이든 원하는 것을 요구할 수 있는 분위기가 되었어요. 하지만 그들이 원하는 건 무엇을 요구하는 것이 아니었지요. 어느 한 편의 정당을 고르는 정치에 신물이 났고, 또 누군가가 정한 규칙에 따르지 않아도 되는 새로운 삶을 만들고 싶을 뿐이었어요. 그러한 분위기에서 환경 운동가, 페미니스트 들의 목소리가 더 커졌지요. 학생들은 그해 가을에 대학으로 다시 돌아갔지만, 프랑스를 완전히 다른 사회로 바꾸어 놓았어요. 더 자유롭고, 재미있고, 억압에 저항하는 사회로 만든 거지요. 그 뒤로 프랑스는 예전과 달리 자기 자신을 있는 그대로 드러내도 존중받는 사회가 되었어요.

나무를 껴안은 사람들
인도의 칩코 운동, 1970년대

높디높은 히말라야산맥의 산악 지역은 울창한 숲으로 뒤덮여 있어요. 그리고 수천 년 전부터 자연에 뿌리내린 사람들이 작은 마을을 이루며 살아가고 있지요. 나무는 언제나 히말라야의 생태계가 제대로 돌아가는 데 중요한 역할을 맡아 왔어요. 나뭇잎은 공기를 맑게 해 주었고, 나뭇가지는 땔감과 농기구로 쓰였으며, 울창한 숲은 야생 동식물들이 살아가는 터전이 되었지요. 땅속 깊이 파고든 나무뿌리는 흙 속에 단단히 자리 잡아 모든 것이 제자리에 있게 해 주었답니다.

그런데 대기업들이 히말라야의 나무를 베어 돈벌이에 나서자 상황이 달라졌어요. 어느 날은 엄청난 홍수로 산 일부가 무너져 내리면서 집과 다리와 도로가 한꺼번에 강물로 휩쓸렸지요. 히말라야 주민들은 나무뿌리가 산을 단단히 지탱해 왔다는 걸 잘 알고 있었어요. 그들은 어떡하든 대기업이 나무를 함부로 베어 가는 걸 막아야겠다고 결심했지요.

마을 주민들은 정부 책임자에게 어떤 어려움을 겪고 있는지 전하려 애썼지만, 아무 소용이 없었어요. 정부 책임자는 히말라야에서 멀리 떨어진 도시의 사무실에 앉아서, 그저 마을 주민들이 너무 감정만 앞세운다고 여겼지요. 게다가 그들에게는 많고 많은 나무보다 돈이 더 중요했어요. 정부는 결국 실망스럽게도 마을 주민들의 바람을 무시하고 테니스 라켓을 만드는 대기업에다 나무를 몽땅 팔아넘기고 말았지요.

마을 주민들은 벌목꾼들이 나무를 베러 오기 전에 먼저 숲에 가 있었어요. 그러고는 벌목꾼들이 사슬톱을 들고 달아날 때까지 북을 두드리면서 소리 질렀지요.

정부 책임자는 다른 숲에서 나무를 베도록 해 주겠다고 테니스 라켓 회사와 약속했지만, 그 숲에 사는 사람들도 순순히 나무를 내주려 하지 않았어요.

이 마을 주민들은 6개월 동안이나 밤낮으로 번갈아 가며 나무를 지켰어요. 이번에도 벌목꾼들은 결국 빈손으로 떠날 수밖에 없었지요.

하지만 테니스 라켓 회사는 나무가 필요했고, 정부는 돈이 필요했어요. 정부 책임자는 지도를 샅샅이 뒤져서, 테니스 라켓을 만들기에 딱 좋은 나무가 울창하게 자라난 또 다른 숲을 찾아냈지요.

벌목꾼들이 숲으로 몰려오자, 이를 본 여자아이가 마을로 달려가 집안일을 하던 여성들을 불러 모았어요. 마을 사람들은 여자아이에게 오랜 옛날 인도의 마하라자(왕) 이야기를 들려주었지요. "어느 마하라자가 새 궁전을 지으려고 군대를 보내어 신성한 숲의 나무를 베어 오도록 했단다. 한 젊은 여인이 이를 알고 팔로 나무를 힘껏 감싸 안았어. 얼마 지나지 않아 나무를 아끼는 사람들 수백 명이 몰려와 저마다 나무 한 그루씩 껴안았지."

마을 사람들은 지금도 그때의 방법이 통할지 궁금했어요. 누구도 확신할 수 없었지만 왠지 모두가 나무를 껴안고 있으면, 벌목꾼들도 함부로 나무를 베어 내진 못할 것 같았지요.

마을 사람들은 밤새도록 나무를 꼭 끌어안고 버텼어요. 그래서 이 운동은 힌디어로 "끌어안다."는 뜻의 '칩코' 운동으로 알려졌지요. 그들은 나무뿐 아니라, 비폭력 원칙도 반드시 지키려고 애썼어요. 그들이 나무를 지키기 위해 하염없이 끌어안고 있다는 소식은 이웃 마을로 금세 소문이 퍼졌어요. 곧 여러 사람들이 몰려와 함께 나무를 껴안았지요. 마침내 벌목꾼들은 벌목을 포기하고 돌아가고 말았어요.

곧 정부 책임자의 귀에 이 소식이 들어갔어요. 이런 식이라면 결코 테니스 라켓을 만들 수 없었지요. 하지만 따지고 보면 테니스 라켓이 그렇게 중요한 것도 아니었어요. 결국 정부는 히말라야의 숲이 다시 울창해질 때까지 나무 베는 일을 금지하기로 했답니다.

손에 손을 잡고
영국 그리넘 기지의 여성 평화 운동, 1981~2000년

세계는 제2차 세계 대전 이후에 미국을 중심으로 한 자본주의 나라들과 소련을 중심으로 한 사회주의 나라들이 대립하는 '냉전'이 계속되었어요. 소련과 미국은 서로 경쟁적으로 핵무기를 비축했고, 영국을 비롯한 여러 나라들도 서둘러 핵무기를 늘리려고 애썼지요.

이때 영국 웨일스의 한 여성 단체는 핵전쟁이 일어나면 인류 전체가 멸망하고 말 거라며 걱정했어요. 그래서 누군가 핵무기에 반대하는 시위를 꾸리길 기다렸지만, 아무도 나서지 않았지요. 결국 그들은 스스로 나서기로 마음먹었어요.

그 여성들은 대부분 한 번도 시위에 나서 본 경험이 없어서 무엇을 해야 할지 전혀 몰랐지만, 무언가 해야 한다는 것만은 잘 알고 있었어요. 먼저 단체 이름부터 만들었는데, '지구상의 생명을 위한 여성 모임'으로 정했지요. 그런 다음 전단을 만들고, 핵무기가 보관된 그리넘의 공군 기지까지 200킬로미터나 되는 거리를 걸어서 행진하기로 했어요. 이렇게 하면 틀림없이 정부가 관심을 보일 거라고 생각했지요.

이 행진은 모임 사람들에게 지금껏 살면서 했던 일 가운데 가장 대단한 모험이었어요. 하지만 며칠에 걸쳐 걸었는데도 아무도 관심을 보이지 않았고, 뉴스에는 판다가 곧 새끼를 낳으려 한다는 소식뿐이었지요. 그들은 더 용감하고 눈에 띄는 행동을 하기로 마음먹었어요. 그래서 기지에 도착하자마자 여성 참정권 운동가 '서프러제트'의 투쟁을 떠올리며 쇠사슬로 울타리에 몸을 묶고 시위했지요.

그러자 드디어 사람들이 그들에게 관심을 보였어요. 경찰이 와서 쇠사슬을 끊고 한 사람을 체포해 가면 다음 사람이 다시 그 자리에 와서 쇠사슬로 몸을 묶었지요. 다른 사람들은 앞장서서 싸우는 여성들 가까이에 머물며 텐트를 가져오거나 불을 지펴 춥지 않게 지켜 주었어요. 곧 이 여성들의 소문이 온 나라에 퍼지면서, 그리넘 기지를 둘러싼 텐트는 점점 더 늘어갔지요. 신문 1면에는 판다 소식 대신 핵무기 반대 운동 기사가 실렸고, 그것을 보고 더 많은 여성이 그리넘 기지로 몰려왔어요. 이제 기지 전체를 모두가 맞잡은 손으로 인간 띠를 만들어 에워쌀 만큼 수많은 시위대가 모였지요.

여성들은 오래 머물기 위해 천막을 설치하고 거의 날마다 시위를 벌였어요. 기지 안에 들어가려고 울타리를 조각조각 자르거나, 안전하게 넘어갈 수 있도록 가시철조망에 카펫을 두르기도 했지요. 기지 안에 들어가는 데 성공한 뒤에는 미사일 위에서 춤을 추었어요. 또 트럭 배기관에 감자를 넣어서 트럭이 움직이지 못하게도 했지요. 그들은 여러 가지 방법으로 성가시게 굴어 정부의 계획을 좌절시키려 했어요.

드디어 1987년에 여러 나라가 핵무기 금지 조약에 서명했고, 1991년에는 그리넘 기지에 있던 마지막 미사일이 제거되었어요. 시위대가 승리한 거예요. 그러자 모든 사람들은 이제 그들이 집으로 돌아갈 거라고 생각했지만, 몇몇은 계속 그리넘 기지 앞에 머무르며 9년이나 더 평화 운동을 이어 갔어요. 또 몇몇은 유명한 정치인, 언론인, 교수가 되었고, 다른 나라로 떠나서 그 나라 여성들과 함께 사회 운동을 벌인 사람도 있었지요. 그리넘 기지는 이제 누구나 강아지를 데리고 산책하며 아이들과 함께 뛰어놀 수 있는 안전한 공원이 되었답니다.

캠프 시위

특별한 전략

캠프 시위는 보호하거나 저항하고자 하는 대상 가까이에서 텐트를 치고 머물며 언제든 행동으로 옮길 수 있다는 장점이 있어요. 캠프에 같이 머물며 믿음을 함께 실천하는 공동체를 만들어 가기도 하지요.

738일의 싸움, 1997~1999년

미국의 캘리포니아 레드우드 국립 공원에 있는 600살 넘은 레드우드(미국삼나무) 숲이 베어질 위험에 처했어요. 그러자 23살의 환경 운동가 줄리아 버터플라이 힐은 '루나'라고 이름 붙인 나무 위에서 무려 738일 동안 머물렀지요! 높이가 55미터나 되는 나무 위에서 먹고 자며 생활했던 거예요. 나무 위에서 지내는 동안 나뭇가지에서 미끄러지지 않도록 발이 더러워도 닦지 않았어요. 그는 오랜 싸움 끝에 결국 레드우드 숲의 나무들을 구할 수 있었지요.

나무 위에 앉아 숲을 지켜 낸 사람들, 1978년

뉴질랜드의 환경 운동가들은 천 살이 넘은 나무숲을 베려는 정부 계획에 반대했어요. 탄원서를 넣고 과학에 근거한 연구 보고서도 마련했지만 소용없었지요. 하지만 그들이 높디높은 나뭇가지에 올라가 진을 치고 버티자 상황이 달라졌어요. 마침내 톱질이 멈추었고, 나흘이 지나자 정부는 앞으로 영원히 나무를 베지 않겠다고 약속했지요. 이 숲은 '퓨레오라 삼림 공원'으로 지정되었답니다.

기후 변화 캠프, 2006~2010년

2006년부터 5년 동안 여름이 오면 영국 런던의 공항이나 발전소, 런던 시내에 텐트를 치는 사람들이 있었어요. 이런 장소에서 배출되는 탄소 문제가 얼마나 심각한지 알리기 위해 기후 변화 캠프를 설치한 거예요. 이 캠프에서는 태양광과 풍력 발전기로 전기를 얻었고, 페달을 밟으면 작동되는 세탁기와 음향 기기도 있었지요. 그들은 여럿이 함께 모여 직접 탄소 배출을 줄이는 생활을 통해 지구의 환경 문제를 알리고자 했어요.

평화를 위한 백악관 앞 장기 농성, 1981~2016년

평화 운동가인 윌리엄 토머스는 미국의 핵무기 계획에 항의하기 위해 27년 동안이나 백악관 바깥에 천막을 치고 생활했어요. 1984년에는 시위에 함께하러 온 엘런 벤저민이라는 여성을 만나 사랑하게 되었지요. 둘은 결혼한 뒤에도 강아지 소피, 친구 코니와 함께 계속 백악관 앞에 머물렀어요. 그리고 여러 단체의 지원을 받으며 오랫동안 시위를 계속했지요. 그 덕분에 핵무기 감축 법안이 의회 안건에 올라갔고, 전쟁에 반대하는 메시지를 사람들에게 잊히지 않도록 해 주었어요.

월가를 점령하라, 2011년

2008년 세계 금융 위기 이후로 금융 기관의 잘못과 빈부 격차에 대한 불만이 높아지면서, 미국 경제의 심장부인 뉴욕 한복판에 "월가를 점령하라."는 이름으로 시위 캠프가 꾸려졌어요. 시위대는 미국 전체 부의 절반을 차지한 1%의 부자에 맞선다는 뜻으로 "우리는 99%다."라는 표어를 내걸었지요. 시위는 전 세계로 퍼져서 한 달 만에 82개 나라 951개 도시에 캠프가 꾸려졌어요. 전 세계의 시위 캠프는 참여 민주주의를 실천하고 아이디어를 함께 나누며, 자본주의 사회에서 미래에 대한 희망을 잃은 세대의 목소리를 크게 퍼뜨리는 장소가 되었지요.

앨커트래즈섬 점령, 1969~1971년

미국 샌프란시스코 앞바다에는 오랫동안 교도소로 쓰인 앨커트래즈라는 섬이 있어요. 교도소가 문을 닫게 되자, 아메리카 원주민들은 배를 타고 앨커트래즈섬으로 건너가서 땅을 돌려 달라고 요구했지요. 여러 가족이 텐트와 오래된 감옥에서 1년 반이나 머물렀어요. 이 점거 시위로 원주민을 지원하는 새 법이 만들어졌고, 미국 곳곳에서 원주민에게 조상의 땅을 돌려주는 결과로 이어졌지요.

가난한 사람들의 점거 시위, 1967~1968년

흑인의 권리를 찾는 공민권 운동이 초기에 성공을 이어 가자, 지도자 마틴 루서 킹은 운동의 범위를 좀 더 넓혔어요. 모든 가난한 미국인이 음식과 쉼터를 제공받을 권리를 요구하기로 했지요. 시위대 3천 명은 백악관과 가까운 내셔널 몰에 '부활의 도시'라는 시위 캠프를 설치했어요. 6주 동안 머무른 임시 주택에는 전기와 수도 시설까지 마련되어 있었지요. 정치인들은 날마다 출근길에서 마주치자, 더는 그들의 의견을 무시할 수 없게 되었어요.

제 9 부

다른 생각을 품는 이들
"광장을 떠날까요, 머무를까요?"

민주화 운동

연대하라!
폴란드 자유 노조 운동, 1980~1989년

제2차 세계 대전이 끝난 뒤에 폴란드를 비롯한 동유럽 여러 나라에는 사회주의 정부가 들어섰어요. 사회주의 정권은 규칙이 매우 엄격해 국민의 삶을 하나하나 간섭하고 감시하려 드는 경우가 많았지요. 정부에 저항하는 일도 금지되었는데, 그래도 사람들은 색다른 방법을 찾아 싸웠어요.

폴란드의 텔레비전에서는 훌륭한 새 정권 덕분에 노동자들이 넉넉한 보수를 받고 행복하게 살아가며, 온 나라가 아무 문제 없이 잘 돌아간다는 뉴스만 끝없이 방송되었어요. '솔리다르노시치(연대하는 폴란드인)' 또는 '자유 노조'라고 지칭하는 노동조합 사람들은 이제 이런 선전은 신물이 난다며 텔레비전을 꺼 버렸지요. 하지만 텔레비전 시청을 거부한들 그 사실을 아무도 모른다면 소용없는 일이었어요. 그래서 플러그를 뽑은 텔레비전 화면이 집 밖으로 향하게 창가에 두었지요. 그걸 보고 다른 사람들도 함께 텔레비전을 끈다면, 언젠가 정부의 거짓말을 귀담아들을 사람이 아무도 없을 거라고 생각했어요.

그렇게 자유 노조 사람들은 텔레비전을 창가에 놓고 방 안에서 벽지만 바라보았어요. 그런데 조금 따분했지요. 그래서 차라리 밖에 나가 이웃과 어울려 노는 게 나을 것 같았어요. 그러다 보니 점점 저녁 뉴스 시간이면 텔레비전을 손수레에 싣고 거리로 나와 어슬렁거리는 사람들이 하나둘 늘어났어요. 정부는 그들이 공들여 만든 거짓말에 국민들이 귀 기울이지 않자 화가 나서 통행금지령을 내렸어요. 누구도 저녁 7시 이후에 밖에서 돌아다닐 수 없게 된 거예요. 그래도 국민들은 아랑곳하지 않고, 꿋꿋이 5시 뉴스가 나올 때면 텔레비전을 밖에 꺼내 두었지요.

이제 폴란드 국민들은 새로운 저항 방법을 생각했어요. 직접 뉴스를 만들기로 한 거예요. 그렇게 '라디오 연대'가 탄생했고, 지하 라디오 방송국을 만들어 익명으로 방송을 내보냈지요. 이 방송은 진실을 알리고 저항 세력을 모으는 중요한 도구가 되었어요. 또 폴란드 국민이 정권에 맞서 하나로 뭉치고 있다는 걸 보여 주기도 했지요. 라디오 진행자가 방송하다가 특정 시각에 함께 불을 껐다 켜자고 제안하면, 폴란드 온 나라에서 불빛이 깜박였어요. 이 모습은 수많은 사람에게 희망을 주었지요.

자유 노조에 소속된 사람이 엄청나게 늘어나자, 그들은 더 크고 과감한 일을 벌이기로 했어요. 하지만 정부는 항의 시위와 비슷한 행위만 보아도 아주 엄격하게 처벌했지요. 그렇다면 항의 시위 대신에 무엇을 했을까요?

당시 정권은 전 세계에 그들이 얼마나 폴란드를 훌륭하게 통치하고 있는지 보여 주려고 대규모 자축 행사를 준비하고 있었어요. 자유 노조에게는 완벽한 기회였지요. 드디어 그날이 오자, 수천 명이 머리끝부터 발끝까지 정권이 좋아하는 밝은 빨간색으로 차려입고 모였어요. 빨간 옷이 없는 사람은 길쭉한 바게트를 사서 토마토케첩으로 온통 뒤덮고는 깃발처럼 흔들어 댔지요. 지나치게 과장된 그들의 모습은 정부의 자축 행사를 비웃으려는 의도가 분명했지만 그렇다고 경찰이 어쩔 수는 없었어요. 정부를 그토록 열렬히 지지하는 사람들을 체포할 수는 없는 노릇이었기 때문이지요.

이런 방식의 저항은 그 뒤로 10년 동안 수백 번이나 있었어요. 사회주의 정권은 점점 힘을 잃어 갔고, 마침내 1989년에 제2차 세계 대전이 끝난 뒤 처음으로 자유선거가 열렸지요. 자유 노조 지도자였던 레흐 바웬사가 폴란드 대통령이 되어 평화롭게 정권을 교체했답니다.

우리의 존엄성은 협상할 수 없습니다!
필리핀 피플 파워 혁명, 1986년

독재자 페르디난드 마르코스는 1965년에 대통령이 된 뒤로 20년 넘게 필리핀을 지배했어요. 페르디난드는 나라를 제대로 다스리는 일보다 그가 영웅으로 나오는 선전 영화를 찍는 데 더 관심이 많았지요. 부인 이멜다 역시 크고 멋진 건물을 짓거나 신발과 가방을 사느라 나랏돈을 함부로 썼어요.

대통령 가족은 나날이 더 부유해졌지만, 필리핀 국민들은 점점 가난해졌어요. 필리핀 국민들이 페르디난드를 쫓아내려고 온갖 방법으로 농성과 파업과 시위를 벌여도 소용이 없었지요. 모두가 선거에 나가 페르디난드와 대결해 국민에게 권력을 돌려줄 만한 지도자가 절실히 필요하다고 생각하고 있을 때, 베니그노 아키노라는 사람이 앞으로 나섰어요. 점점 치솟는 베니그노의 인기는 곧 선거에서 이겨 정권을 바꿀 수 있을 것처럼 보였지요. 하지만 베니그노가 선거 직전에 암살되자 모두 충격에 사로잡혔어요.

베니그노의 부인 코라손 아키노는 남편이 죽자 몹시 마음이 아팠어요. 그러면서도 200만이나 되는 사람들이 장례식 행렬에 함께한 모습을 보면서, 이렇게 많은 사람이 함께 모이면 얼마나 큰 힘을 가질 수 있는지 깨달았지요. 그리고 그 순간 정권의 반대편에 서서 나라를 하나로 뭉치기로 다짐했지요.

필리핀 국민에 대한 코라손 아키노의 열정은 다른 사람들에게도 영향을 미쳤어요. 점점 사회 각계각층에서 페르디난드를 몰아내려는 움직임이 나타났지요. 많은 이들이 베니그노의 장례식 때 노란 리본을 달았는데, 그 뒤로 노랑은 저항의 상징색이 되었고 시내 중심가에서는 매주 한 번씩 노란 색종이 가루를 뿌리는 시위가 벌어졌어요. 고층 건물 사무실에서 일하는 사람들이 노란색 전화번호부를 찢어서 창문에서 흩날리기도 했지요. 전국에서 농부 수천 명이 도시로 몰려와 농림부 앞에 앉아 몇 날 며칠 농성을 벌이기도 했어요. 또 50만 명에 이르는 사람들이 모여 아키노 부부의 집에서 베니그노가 암살된 공항까지 달리며 민주주의를 향한 헌신을 보여 주었지요.

페르디난드는 당황했어요. 그래도 여전히 환상에 젖은 채, 선거를 통해 지금 국민들이 얼마나 만족스럽게 살고 있는지 증명해 보이겠다고 했지요. 하지만 그의 계획은 오히려 100만 명의 사람들이 코라손에게 대통령 후보로 나서라며 서명하는 역효과를 낳았고, 코라손은 강력한 야당 후보가 되었어요. 페르디난드는 더 큰 걱정에 휩싸여서 개표원들에게 코라손의 표를 자신의 표로 바꾸라고 명령했지요. 하지만 개표원들은 부정 선거에 협조하라는 명령을 거부하고 개표장을 나가 버렸어요.

그렇게 해서 '피플 파워(민중의 힘)' 혁명이 시작되어 부정 선거로 인한 불복종 운동은 눈사태처럼 커져 갔어요. 누구도 페르디난드를 두려워하지 않았고, 수백만 군대도 그의 편을 떠났지요. 정부에 맞선 반란군은 한때 총을 들고 다니며 독재 정부에 따르지 않는 국민들을 괴롭혔지만, 이제는 정부의 명령을 거부한 채 군대 안에 머물렀어요. 수천 명에 이르는 필리핀 국민들은 그들을 지지하려고 음식을 가져오거나 노래를 불러 주었고, 커다란 통나무와 버스 들로 반란군이 있는 군대로 가는 길을 막아 주었지요.

페르디난드가 다른 군대를 보내자, 용감한 시위대는 탱크 운전병들에게 다가가 꽃과 초콜릿과 햄버거를 나누어 주었어요. 이에 감동한 탱크 운전병들이 혁명에 함께 동참하게 되어 아무도 다치지 않았지요. 마침내 코라손은 국민들 앞에 나가서 우리가 승리했으며, 이제 자신이 필리핀의 새 지도자가 되었다고 선언했어요.

마르코스 가족은 하와이로 망명했어요. 페르디난드 마르코스는 권력을 잃었다는 것을 공식적으로 인정하지 않았지만, 다시는 필리핀으로 돌아오지 못했지요.

새로운 세상을 꿈꾼 학생들
중국 톈안먼 사건, 1989년

마오쩌둥은 오랫동안 중국 현대사를 뒤흔들었어요. 그는 중국을 10년 만에 미국과 영국 같은 경제 대국으로 키우겠다며 '대약진 운동'이라는 정책을 펼쳤지요. 그런데 사람들을 무리하게 도시로 보내자, 농사지을 사람이 부족해져서 농업 생산량이 크게 줄었어요. 마오쩌둥은 그 이유를 참새가 곡식을 쪼아 먹기 때문이라며, 대대적으로 참새 잡기 운동을 벌이다가 도리어 해충만 늘어나 농사를 더 크게 망쳤지요. 또 청소년으로 이루어진 홍위병을 동원해서, 중국의 전통문화를 파괴하고 사회주의 사상에 조금이라도 어긋나는 지식인과 문화 예술인들을 억압하는 '문화 대혁명'을 일으켰어요. 그로 인해 수백만 명의 중국 사람이 굶주림과 고문으로 죽어 갔지요. 1976년에 마오쩌둥이 숨지고 나서야 사람들은 비로소 한숨을 돌렸어요. 드디어 마오쩌둥의 얼굴이 담긴 커다란 포스터가 벽에서 떼어지자, 이제는 좀 더 살 만한 나라가 되리라고 모두 기대했지요.

새로운 세대는 미래에 대한 희망과 신선한 아이디어를 가지고 있었어요. 어느 학생 단체가 새로운 중국을 만들자는 제안을 정부에 보내기로 하고 몇 차례 인민 대회당(중국의 국회 의사당)의 문을 두드렸지요. 하지만 그때마다 발걸음을 돌려야 했어요. 새로 바뀐 정부 지도자 덩샤오핑은 학생들과 대화하기는커녕, 인민일보 1면에 학생들은 혼란과 폭동을 일으키려 하는 중국의 위험한 적이라는 기사를 실었지요.

학생들은 자신들에 대한 거짓 기사를 읽고 나서, 베이징 중심에 있는 톈안먼(천안문) 광장으로 평화롭게 행진했어요. 경찰들은 정부가 불량배 집단이라고 몰아붙인 기사 내용과 사뭇 다르게 웃고 노래하며 행진하는 시위대를 보고 혼란에 빠졌지요. 학생들은 경찰들이 돌아간 뒤 광장에 남아 시위 캠프를 차렸어요.

날마다 더 많은 학생이 톈안먼 광장으로 모여들었어요. 하지만 정부는 여전히 이들의 말에 귀 기울이지 않았지요. 학생들은 한 걸음 더 나아가 단식 투쟁을 시작했어요. 정부가 요구를 들어줄 때까지 먹지도 광장을 떠나지도 않기로 한 거예요. 뉴스를 통해 굶주리는 학생들을 보게 된 많은 중국 사람들은 그들의 열정에 감동받았어요.

한편 당시의 소련 지도자였던 미하일 고르바초프가 중국을 방문하기로 했어요. 한동안 갈등을 빚었던 두 나라가 관계를 회복하기 위한 행사였기에, 중국 정부는 온 나라가 잘 돌아가고 있고 모두가 정부 뜻에 잘 따르는 것처럼 보이고 싶었지요. 하지만 중국 전역에서 사람들이 몰려와 광장에 있는 학생들과 함께하고 있었고 시위대가 점점 더 늘어나 무척 난감했어요. 그래서 고르바초프가 중국에 도착하자, 중국 정부는 그를 공항에서 맞이한 뒤로 광장 가까이 가지 못하게 막았지요.

정부는 크게 화가 나서 광장으로 군대를 보냈어요. 그런데 놀랍게도 학생들은 시위대를 광장에서 몰아내려는 군인들에게 친절히 대하며 꽃을 나눠 주었지요. 시위대는 군인들에게 그들이 사람들을 억압에서 벗어나게 도와야 하는 '인민 해방군'임을 일깨워 주었어요. 그러자 군인들은 "그래, 우리는 인민들을 보호해야 해!" 하고 끄덕이며 명령에 따르지 않고 광장을 떠났지요.

게다가 베이징 노동자 100만 명이 학생들과 연대하며 파업을 시작하자 정부는 더욱 다급해졌어요. 그와 같은 대규모 시위는 처음이었기 때문이지요. 톈안먼 광장에서는 그동안 누구도 경험해 보지 못한 민주적인 공간이 탄생하고 있었어요. 모두 친절과 배려로 스스로 시위대를 다스리며 매일 밤 광장을 떠날지 머무를지 투표했지요. 결과는 언제나 머무르자는 쪽이었고, 베이징 시민들은 너나없이 학생들을 지지했어요. 심지어 도둑들조차 시위가 벌어지는 동안에는 도둑질을 하지 않겠다는 포스터를 붙였지요.

정부는 새로운 중국을 만들자는 주장이 실현되는 모습을 더는 참을 수 없었어요. 그래서 베이징 바깥에서 새 군대를 데려와 "오늘 밤 당장 광장을 비우라."고 발표했지요.

어둠이 내리자 베이징 시민들은 너 나 할 것 없이 광장으로 몰려들어 동경하게 된 소중한 학생들을 보호해 주었어요. 탱크가 와도 어쩌지 못하도록 방어벽을 세우려 했지요. 하지만 정부가 새로 보낸 군대는 너무나 강하고 잔인했어요. 그날 밤, 수많은 시위대가 목숨을 잃고 말았지요.

이틀 뒤 탱크들이 줄지어 텅 빈 광장을 이동할 때, 한 남자가 아무도 없는 고요한 광장에 홀로 나타나 침착하게 탱크 앞으로 걸어갔어요. 이 짧고도 긴 몇 분 동안 그는 식료품이 든 비닐봉지 말고는 아무런 보호 장구도 없는 채로 줄지어 이동하는 탱크를 막아섰지요. 탱크가 멀어지면 다시 앞으로 가서 계속 길을 막았어요. 이 용감한 마지막 행동은 중국 사람들의 투쟁을 상징하는 장면이 되었고, 가장 유명한 시위 사진으로 길이 역사에 남았지요.

장벽을 넘어 통일을 향해!
독일 베를린 장벽 붕괴, 1989년

독일은 제2차 세계 대전에서 패배한 뒤로, 냉전 체제 아래서 강제로 동독과 서독으로 나뉘었어요. 그리고 1961년 8월의 어느 날 밤, 동독 정부는 베를린을 동과 서로 나누는 장벽을 쌓기 시작했지요. 다음 날 아침에 일어나 보니 한 가족이 둘로 갈라져 있었고, 장벽 건너편에 사는 친구를 언제 다시 만날지 알 수 없는 상황이 되어 버렸어요. 동독 정부는 국민들에게 이 장벽이 서방 세계에서 오는 위험을 막아 줄 거라고 말했어요. 장벽 너머 서독 국민들은 청바지를 사는 데 돈을 몽땅 쓰고 텔레비전을 너무 많이 보는 등 쓸모없는 일들을 많이 한다는 게 이유였지요. 하지만 베를린 장벽은 동독 국민들이 서독으로 떠나지 못하게 막기 위한 것이었어요.

동독 국민들은 장벽 때문에 더더욱 동독을 떠나고 싶어 했어요. 몇몇 용감한 이들은 열기구나 비밀 터널, 혹은 집라인 등을 타고 장벽 너머로 탈출하려 했지요. 심지어 못 쓰게 된 전선 위를 걸어서 넘어간 공중 곡예사도 있었어요! 실패하면 감옥에 갇혀야 했지만, 그럼에도 계속 위험을 무릅쓰고 장벽을 넘었지요.

하지만 탈출 계획은 자주 들통나곤 했어요. 동독 국민들은 '슈타지'라고 불린 대규모 비밀경찰에게 감시를 받았기 때문이에요. 슈타지는 모든 국민에게 엄격한 규칙을 강요하고, 언론이나 예술 활동을 검열했어요. 전화 통화를 몰래 엿듣고, 사람들이 뭘 하는지 뒤를 밟고, 정부를 놀리는 농담을 한다며 체포하기도 했지요. 무엇보다 슈타지의 수가 너무 많아서, 일반 국민들의 가족이나 친구 중에도 염탐꾼이 있을 정도였어요. 동독에 사는 모든 국민은 말하고 행동하는 모든 것이 슈타지에 보고되었지요. 그렇게 아무도 믿을 수 없다 보니, 사람들은 아주 비밀스럽게 저항 운동을 해야 했어요. 그래서 지하에서 소식지를 만들고, 뒤뜰에서 눈에 띄지 않게 모임을 열어 정부에 반대하는 주장을 몰래 퍼뜨렸지요.

1989년에 동독에서 지방선거가 실시되자, 정부는 늘 그랬듯이 그들을 지지하는 독일 사회주의통일당이 선거에서 이겼다고 발표했어요. 그러나 의구심을 가진 운동가들이 미리 투표소 밖에서 개표 검증을 했지요.

운동가들은 정부에 반대하는 국민이 찬성하는 국민보다 많다는 사전 조사 결과를 내밀며 선거가 조작되었다고 항의했어요. 그 뒤로 정부의 거짓말이 낱낱이 드러나자 동독에서는 그 어느 때보다 장벽을 무너뜨리자는 목소리가 높아졌지요. 수천 명이 거리로 나와 행진을 시작했고, 곧 동독 전역에서 날마다 시위가 벌어졌어요.

시위 소식이 전 세계 뉴스에 보도되자, 동독 지도자는 자리에서 물러날 수밖에 없었어요. 생각지도 못했던 일이 벌어진 거예요. 세계에서 가장 혹독한 비밀경찰이 온 사회를 휘젓고 다녔음에도 불구하고 동독 국민들은 정부로부터 권력을 빼앗을 수 있었지요.

정부는 국민들의 마음을 돌리기 위해 필사적이었어요. 그래서 그동안 자유롭게 여행할 수 없어서 늘 불만이었던 동독 국민들에게 잠시나마 허가받지 않고도 여행할 수 있도록 허락해 주었지요. 하지만 전혀 효과가 없었어요. 수만 명이나 되는 사람들이 휴가를 떠나는 대신 장벽으로 몰려갔지요. 모여드는 사람들이 점점 늘어나자 경비병들도 더는 어쩔 수 없었어요. 드디어 장벽이 열리자, 사람들은 장벽을 지나 옛 친구를 만나고, 함께 힘을 모아 장벽을 무너뜨리기 시작했지요.

몇 주가 지나 동독 국민들은 슈타지 건물을 점령했어요. 그들은 그동안 슈타지가 동독 국민들을 감시하며 만들어 놓은 비밀문서를 내놓으라고 요구했지요. 슈타지는 베를린 장벽이 무너진 뒤로 비밀문서를 없애려고 밤낮없이 애썼지만, 문서의 양이 너무 많아 소용없었어요. 결국 슈타지는 동독 국민들의 거센 시위에 굴복하여 완전히 해체되었지요.

동독 정부는 전 사회에 넘치는 저항의 물결을 더는 거스를 수 없었어요. 그 뒤로 1년이 못 되어, 동독과 서독으로 분단되었던 독일은 마침내 하나의 국가로 통일되었답니다.

예술

예술가들은 언제나 정해진 질서를 넘어서는 새로운 방법을 찾아 나서곤 해요. 예술 운동가들 역시 공연부터 그림에 이르기까지 다양한 작품으로 사람들이 세상을 다르게 바라볼 수 있도록 영감을 불어넣어 주고 있지요.

특별한 전략

대중을 위한 인쇄물, 1400년대

인쇄술은 발명되자마자 저항의 도구로 널리 쓰였어요. 특히 그림은 글자를 배우지 못한 수많은 사람들에게 각종 주장을 전달하기에 좋았지요. 인쇄물은 권력자들의 문제를 널리 알리는 데 유용하게 사용되었어요. 인쇄물 판매상들은 여러 곳을 돌아다니며 재미있는 그림이든 불쾌한 그림이든 무엇이든 구입해서 팔았지요. 사람들은 친구들과 인쇄물을 보면서 많은 이야기를 나누었어요.

창의적인 불평, 1980년대 이후

흑인 페미니스트 예술가 '로레인 오그레이디'는 늘 중요한 전시에 초대받지 못하는 상황이 지긋지긋했어요. 그래서 '마드무아젤 부르주아 누아(검은 부인)'라는 새로운 캐릭터로 변신하여 전시 개최 행사장에 불쑥 나타났지요. 그는 예술계에서 흑인 예술가가 받아들여지지 않는 현실에 관한 시를 큰 소리로 낭독했어요. 또 비슷한 시기에 '게릴라 걸즈'라는 여성들은 고릴라 가면을 쓰고 나타나 '창의적인 불평'을 드러냈지요. 이들이 내건 가장 유명한 포스터에는 "여성들은 벌거벗어야만 메트로폴리탄 미술관에 들어갈 수 있는가?"라는 질문이 적혀 있었어요. 미술관에 걸린 그림에는 여성 예술가의 작품보다 여성 누드화가 훨씬 더 많으니까요.

현수막, 1800년대 이후

플래카드라고도 하는 현수막은 오늘날 시위 현장에서 흔히 만날 수 있지만, 19세기가 되어서야 널리 쓰이기 시작했어요. 처음에는 노동조합이 상징 마크를 내걸 때 쓰이다가, 노동자의 권리를 위해 행진할 때도 현수막을 들고 나가게 되었지요. 현수막은 꾸밈새도 아름다웠는데, 특히 비단 위에 그리는 기술을 발명한 조지 투틸의 작품은 그 뒤로도 150년 동안 널리 복제되기도 했어요. 20세기 초에 서프러제트와 함께 활약한 '예술인 참정권 연맹'도 여성 참정권을 주장하는 행진을 위해 수백 가지 현수막을 꾸미고 수놓아서 이 분야에 큰 영향을 미쳤지요.

피카소의 〈게르니카〉, 1937년

스페인의 작은 마을 게르니카는 나치의 폭격으로 수많은 사람이 목숨을 잃고 폐허가 되었어요. 파블로 피카소는 이 일을 그림으로 담아, 파리 만국 박람회에 전시했지요. 이 그림은 오랫동안 미국 뉴욕 현대 미술관(MoMA)에 걸려 있었는데, 종종 이 그림 앞에서 전쟁에 반대하는 시위가 벌어지기도 했어요. 또 〈게르니카〉를 태피스트리(색실로 그림을 짜 넣은 직물)로 만든 작품이 미국의 국제 연합(UN) 본부에 걸리게 되었지요. 그런데 미국 국무 장관 콜린 파월은 2003년에 이곳에서 이라크를 침공하겠다고 발표하면서, 그림을 커다란 커튼으로 가려 놓았어요.
이 강력한 그림이 사람들에게 전쟁보다 평화가 낫다는 것을 일깨워 줄까 봐 두려웠던 거예요.

벽은 살아 있다, 1930년대

캔버스가 아닌 담벼락에 그림을 그리는 '벽화'는 저항하는 예술가들이 즐겨 이용해 왔어요. 정치적 주장을 담은 벽화로 가장 유명한 화가는 바로 멕시코의 디에고 리베라예요. 책이 없거나 글을 읽지 못하는 사람들도 멕시코의 역사를 쉽게 이해할 수 있도록 벽에 그림을 남겼지요. 노동자를 위한 새로운 세상을 보여 준 리베라의 그림은 미국의 루스벨트 대통령에게도 영향을 미쳐서, 평범한 사람을 최우선으로 생각하는 뉴딜 정책을 펼치도록 했어요.

오노 요코의 〈컷 피스〉, 1965년

일본의 설치 미술가이자 행위 예술가 오노 요코는 미국 뉴욕에서 〈컷 피스〉라는 행위 예술을 선보였어요. 오노가 검은색 치마를 입고 무대에 무릎을 꿇고 앉아 "자르라!"고 하면 관객들이 한 명씩 나와 그녀의 옷을 가위로 자른 뒤 그 '조각'을 가져갔지요. 옷이 삭둑삭둑 잘려 나가는 동안 오노는 무표정하게 허공을 응시했어요. 이 파격적인 퍼포먼스는 여성에 대한 폭력, 전쟁의 공포를 떠올리게 해 커다란 반향을 일으켰지요.

더 어두운 색을, 1960년대

페이스 링골드는 흑인 예술가이자 페미니스트 활동가로, 정치적으로 사용되는 미술 재료에 대해 깊이 연구했어요. 백인 예술가들이 흰색 물감을 많이 사용한다는 것과 화면을 구성할 때 어두움과 밝음을 어떻게 대비시키는지에 관심을 가졌지요. 링골드는 백인 예술가들이 자기 피부색에 비추어 세상을 바라보는 방식에 저항하고자, 아프리카 예술 스타일을 적극적으로 활용하고 어두운색과 더 다채로운 색으로 작품을 만들었어요.

제 10 부

또 다른 세상을 위해

"우리는 지금 다른 이야기를
시작하려 합니다!"

일어나 행동하는 사람들

일어나 행동하자!
미국의 에이즈 감염인 인권 단체 '액트 업', 1980~1990년대

1980년대에 정체를 알 수 없는 새로운 질병으로 사람들이 목숨을 잃어 갔어요. 이 병은 '에이즈(후천 면역 결핍증)'라고 불렸는데, 처음엔 누구도 이 병에 대해 명확하게 입에 올리지 않았지요. 미국 대통령도 꽤 오랫동안 공식적으로 이 병의 이름을 언급하지 않았어요. 동성애자들은 친구들이 알 수 없는 병에 걸려 죽어 가도 아무도 돌봐 주지 않고 관심도 없으니, 그들의 목숨이 다른 사람들보다 가치 없게 느껴졌지요. 게다가 같은 사무실에서 일하거나 같은 집에 산다고 옮는 병이 아닌데도 에이즈 환자들은 번번이 직장이나 집에서 쫓겨나야 했어요.

미국에서는 1986년 말까지 2만 5천 명이 에이즈로 목숨을 잃었어요. 과학자들이 드디어 에이즈 치료제를 개발했지만, 너무 비싸서 아무나 약을 쓸 수 없었지요. 에이즈 환자들이 뭔가 변화가 필요하다고 생각할 무렵, 극작가 '래리 크레이머'가 정부에 에이즈 대책을 요구하는 저항 단체를 만들자고 제안했어요. 그렇게 해서 '액트 업'이라는 에이즈 감염인 인권 단체가 만들어졌지요.

액트 업 활동가 250명은 맨 처음 활동을 뉴욕 경제의 중심부인 월가에 들이닥쳐 시위하는 것으로 시작했어요. 에이즈 치료제를 비싸게 팔아 돈을 벌어들이는 대형 제약 회사에 항의하고자, 종이 묘비를 든 채 거리에 누워서 교통을 막았지요. 위험을 무릅쓴 그들의 행동은 사람들의 눈길을 사로잡는 데 성공했어요. 하지만 이건 뒤이은 액트 업 활동의 맛보기에 불과했지요.

액트 업은 매주, 매달 시위를 계속 이어 갔어요. 뉴욕뿐만 아니라 액트 업 조직이 있는 미국 전역에서 다양한 활동이 펼쳐졌지요. 저항 운동이라고는 한 번도 참여해 본 적이 없었던 사람도, 수십 년 동안 활동가로 일했던 사람도 함께 힘을 모았어요. 회원들 나이가 많은 편인 어느 레즈비언 단체는 1970년대 베트남 전쟁 반대 운동 때 배운 기술을 써먹기도 했지만, 액트 업의 강점 가운데 하나는 경험이 없다는 것이었지요. 그들은 끊임없이 새로운 형태의 시위를 벌였어요. 다른 사람들처럼 대규모 집회나 긴 연설이나 행진을 할 여유가 없었지요. 시간 낭비 하지 않고 당장 문제를 해결해야 했기 때문이에요.

액트 업은 특히 중요한 건물에 몰래 들어가는 시위 방식에 뛰어났어요. 1월의 어느 추운 날 저녁에는 시위대 몇 명이 텔레비전 방송국 본부로 몰래 들어갔지요. 여느 직장인처럼 평범한 정장을 입고 있어서, 일하러 가는 사람들과 뒤섞여 전혀 눈에 띄지 않았어요. 그날 저녁 뉴스 시간이 되자, 전국의 시청자들이 보고 있는 텔레비전 화면에 느닷없이 액트 업 활동가들이 튀어나왔어요.

"에이즈에 맞서 싸우는 것은 전쟁이 아니다."라고 외치는 그들의 구호 소리에 뉴스 진행자의 목소리는 묻혀 버렸지요. 진짜 뉴스거리가 무엇인지 텔레비전 방송국과 사람들에게 똑똑히 보여 준 거예요.

또 그들은 미국 식품 의약국(FDA) 본부에 몰래 들어가 FDA 공식 보도 자료를 만들어 내보내기도 했어요. 에이즈 치료제값이 내려가 누구나 이용할 수 있다는 거짓 보도 자료였지요. 이듬해에는 거대 제약 회사의 사업 이익을 방해하려고 뉴욕 증권 거래소의 거래장 전체를 폐쇄하기도 했어요. 그 며칠 뒤에 실제로 에이즈 치료제값은 3분의 1로 내렸지요.

액트 업은 여기서 멈추지 않았어요. 에이즈라는 병을 제대로 이해하고, 에이즈로 받는 고통을 영원히 없애는 것이 목표였으니까요. 몇몇 활동가는 의학 전문가가 되었어요. 더 나은 치료법이 개발되도록, 더는 쉬쉬하며 에이즈를 감추지 않도록 그리고 수백만 명의 목숨을 구할 수 있도록 끊임없이 노력했지요. 에이즈 감염인은 모두가 꺼리던 피해지였지만, 시간이 흘러 강력한 저항의 힘을 부여 준 집단으로 기록되었어요.

장벽의 그늘에 가꾼 정원
팔레스타인 해방 운동, 2000년대

오래전, 중동 팔레스타인 지역에는 팔레스타인 사람들과 유대인이 함께 살았어요. 그런데 2천 년 전에 이곳에서 세계 각지로 흩어져 살았던 유대인들이 이곳을 '약속의 땅'이라고 여겨 다시 들어와 살기 시작했지요. 제2차 세계 대전이 끝난 뒤, 유대인들이 이곳에 이스라엘을 세우자 두 민족은 수십 년 넘게 전쟁을 벌이게 되었어요. 그리고 이스라엘이 점점 더 많은 땅을 차지하면서 수백만 명의 팔레스타인 사람들은 고향 땅을 떠나야 했지요.

팔레스타인 사람들은 전쟁에 나가 싸우는 것뿐만 아니라 비폭력 저항 운동도 함께 벌였어요. 이스라엘에 저항하는 총파업과 행진을 벌이고, '팔레스타인 시간'을 따로 쓰기도 했지요. 봄철이 되면 이스라엘보다 일주일 먼저 한 시간 앞당겨 사용한 거예요. 하지만 결국 2002년에 이스라엘은 드높은 울타리를 세워 팔레스타인 사람들이 더는 이스라엘로 들어오지 못하게 막았지요.

이스라엘은 울타리를 세우면서 누군가 이쪽에 살면서 저쪽으로 출근하는 것 따위는 전혀 아랑곳하지 않았어요. 누군가 학교나 병원에 가려면 먼 길을 돌아가야 하는 것도, 올리브 농장 한가운데를 가로지르는 것도 신경 쓰지 않았지요. 하지만 그 모든 것이 팔레스타인 사람들에게는 아주 중요한 문제였어요.

팔레스타인 사람들은 울타리를 세우기 시작할 때부터 이를 막으려고 애썼어요. 이스라엘 사람들이 낮 동안 땅에 기둥을 박고 가시철사를 둘러놓으면, 밤에 몰래 기둥을 뽑아 버렸지요. 그러나 결국 울타리는 더 이상 허물어뜨리기 어려운 단단한 장벽이 되고 말았어요.

팔레스타인 사람들은 잃어버린 땅을 되찾고 싶은 마음을 표현하고자, 그리운 고향을 그리며 올리브 나무를 장벽 옆에 심어 정원을 가꾸었어요.

예술가들은 밤마다 몰래 장벽에 그림을 그리고 낙서를 했어요. 얼마 뒤 장벽은 온갖 그림과 낙서로 뒤덮였지요. 처음에는 스마트폰과 소셜 미디어가 없던 때라, 장벽이 언제 모이거나 어디에서 시위를 벌일지 정보를 주고받는 중요한 의사소통의 장이 되기도 했어요. 때로는 평화를 상징하는 거대한 열쇠 그림부터 '팔레스타인 만세' 같은 표어에 이르기까지 여러 메시지를 담기도 했지요. 팔레스타인 깃발을 이루는 초록, 빨강, 하양, 검정 물감으로 그린 그림과 낙서 들도 있었지요. 하지만 예술가들은 장벽이 아름답게 보이지 않도록 신경 썼어요. 장벽이 거기 서 있다는 것이 얼마나 추악한 일인지 널리 알리고 싶었으니까요.

장벽이 계속 뻗어 나가면서 시위대 수도 나날이 늘어갔어요. 이스라엘이 빌린이라는 마을에 장벽을 세워 마을을 둘로 쪼개려 하자, 마을 사람들이 장벽을 다른 곳에 세우라며 이스라엘 정부를 상대로 소송을 걸었지요. 그러나 어느 누구도 아주 작은 빌린 마을 사람들이 거대한 이스라엘 정부를 상대로 이기리라고는 생각지 못했어요. 하지만 그들은 해냈지요. 재판부는 장벽으로 마을을 가르지 말고 바깥으로 에둘러서 세우라는 판결을 내렸어요. 물론 마을 사람들이 진정으로 원했던 건 장벽이 아예 들어서지 않는 것이었지요.

그 뒤, 빌린에서 장벽으로 가는 길에는 '자유의 길'이라는 새 이름이 붙었어요. 마을 사람들은 금요일마다 함께 모여 국경까지 행진해 가지요. 이 시위는 오랫동안 이어지면서 널리 알려져 오늘날에는 전 세계 활동가들이 함께한답니다. 심지어 이스라엘 출신 활동가들도 이 시위에 참여해 팔레스타인 사람들과 연대하고 있어요. 또 아랍인과 유대인이 함께 만든 평화 운동 단체 '타유시'가 팔레스타인 사람들이 안전하게 일상생활을 하고 농사를 제대로 짓고 아이들이 학교에 갈 수 있도록 지원하고 있지요.

팔레스타인 지역에서 살아가는 사람들은 지금도 장벽의 그늘에서 저항의 정원을 가꾸며 계속해서 시위하고 있어요. 그들은 자유를 향한 꾸준하고 헌신적인 싸움을 '인내'라는 뜻을 지닌 '수무드'라는 말로 표현하곤 하지요.

시애틀의 축제
미국 시애틀 WTO 반대 시위, 1999년

세계에서 가장 부유한 몇몇 나라가 미국 시애틀에서 대규모 회의를 열기로 했어요. 나라와 나라 사이의 무역 거래를 좀 더 손쉽게 할 수 있는 방법을 논의하는 회의였지요. 문제는 이 나라들이 무역으로 돈을 벌기 위해 노동자의 권리나 지구 환경을 보호하는 여러 규제를 없애는 쪽으로 나아가고 있다는 점이었어요. 사람들은 이 회의를 개최하는 '세계 무역 기구(WTO)'를 '세계 장악 기구'라며 비아냥거렸지요.

회의 소식이 알려지자 전 세계 활동가들은 시애틀에 모여 회의를 방해하자고 뜻을 모았어요. 회의가 순조로이 진행되어 몇몇 부유한 나라들 뜻대로 규제법을 없애면, 노동자도 지구 환경도 큰 고통에 빠지고 말 테니까요. 그 당시는 막 인터넷이 널리 쓰이기 시작한 덕분에 여러 나라 활동가들이 손쉽게 의견을 모을 수 있었어요. 그들은 인터넷으로 의사소통하면서 각자 열심히 싸워 온 사건들이 서로 어떻게 연관되는지, 서로 공통점이 얼마나 많은지 공유했지요. 이를테면 인도에서 제대로 된 임금을 받기 위해 싸우는 일은 캐나다의 숲을 지키는 운동과 연결되어 있었고, 전 세계를 누비며 바다 생물을 싹쓸이하는 저인망 어선은 환경 문제를 일으키는 동시에 어부들이 생계를 잃는 문제와도 연결되어 있었지요.

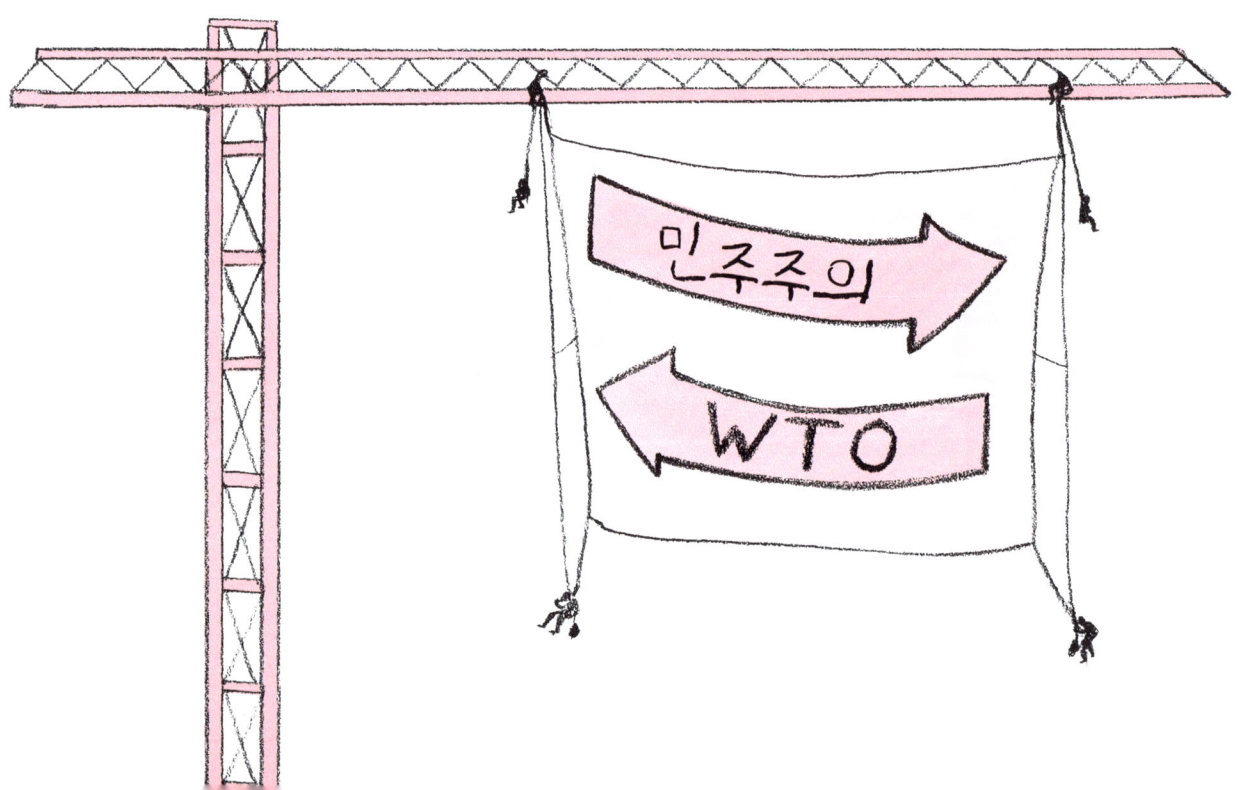

전 세계 활동가들에게 이번 WTO 회의는 자본주의 사회가 낳은 여러 문제에 관심을 불러일으킬 좋은 기회였어요. 그래서 여러 가지 창의적인 아이디어를 내놓았지요. 먼저 시애틀에서 가장 인기 많은 신문과 똑같이 1면을 디자인해서 신문 한 장을 만들었어요. 회의를 일주일 앞두고 세계 곳곳에서 온 활동가들이 시애틀에 도착했지요. 그들은 모든 신문 가판대 위에 놓인 진짜 신문을 그들이 만든 신문으로 덮었어요. 그들이 바라는 세상 이야기가 1면에 가득 담겨 있었지요. 그 세상에서는 사람과 지구가 돈보다 더 중요했어요. 그러나 신문 사건은 시작일 뿐이었지요. 이제 곧 그들이 실제 주요 기사를 장식할 테니까요.

회의 첫날이 되자, 활동가들은 날이 밝기도 전에 시내 한복판으로 모였어요. 그러고는 서로를 자전거 자물쇠와 수갑으로 이은 인간 띠가 되어서 거리 교통을 막았지요. WTO 회의 참석자들이 호텔에서 아침으로 크루아상을 다 먹었을 무렵, 밖에서는 수천 명이나 되는 시위대가 사방에서 회의장을 향해 행진하고 있었어요. WTO 회의 참석자들은 카푸치노를 홀짝이며 회의장에 가면서도, 그들에게 무엇이 기다리고 있는지 전혀 짐작도 못 했지요. 그런데 학생, 노인, 노동조합 활동가, 환경 운동가, 인권 운동가, 관악대, 꼭두각시 인형, 보호하고 싶은 동물로 변장한 동물 보호 활동가 등등 어마어마한 사람들이 몰려나와 길을 막고 있어서 조금도 앞으로 나아갈 수 없었어요. 결국 WTO는 회의를 포기하고 다음 날 다시 모이기로 했지요.

그렇게 며칠이 더 지나서야 비로소 회의가 열렸어요. 하지만 회의가 진행되는 동안에도 시위는 계속 되었지요. 전 세계 활동가들은 시애틀을 떠나지 않고 날마다 새벽까지 축제를 벌였어요. 덕분에 시애틀 거리에는 온갖 즐거운 일들로 가득했지요. 거리 곳곳에서 춤을 추거나 북을 치고, 응원과 연극 공연이 펼쳐졌어요. 사람들은 갖가지 현수막을 들고 서로의 정보를 나누며 즐거워했답니다.

이 어마어마한 축제 때문에 WTO 회의는 제대로 치러지지 못했어요. 회의장 안에 있는 사람들이 서류를 뒤적이면서 회의를 제대로 시작하려 하면, 밖에서 들려오는 시끌벅적한 함성에 말소리가 모두 묻혀 버렸거든요. 결국 회의는 금방 끝낼 수밖에 없었고, 그 시간 동안 세계는 돈이 전부가 아니라는 걸 절실히 깨달았어요. 거리에서는 시위를 함께한 사람들끼리 끈끈한 우정도 피어났지요.

연극

연극은 세상 이야기를 재구성해 보여 줌으로써, 상상력을 자극하여 새로운 가능성을 열어 주어요. 활동가 가운데에는 전통적인 연극을 뛰어넘어 특별한 연극 장치를 활용해 메시지를 전하기도 했지요.

비꼬는 박수, 2011년

독재 정권에서 살아가는 사람들은 좋든 싫든 정부를 찬양해야 해요. 벨라루스의 독재자 루카셴코 대통령이 이번 선거에서도 승리했다고 발표하자, 사람들은 정부에 항의하는 뜻으로 성의 없이 손뼉을 쳤지요. 대통령은 비꼬는 뜻이 담긴 박수 세례를 받자, 아무도 손뼉을 치지 않을 때보다 더 화가 났어요. 나중에는 대통령을 지지하는 사람조차도 두려워서 함부로 박수를 보낼 수 없게 되었지요.

예스맨 프로젝트, 2004년

미국의 앤디 비클바움과 마이크 버나노는 2인조 그룹 '예스맨'으로 활약하며 근엄한 외모와 유머 감각으로 정치인이나 사업가를 흉내 냈어요. 그러던 중 어느 미국 회사가 인도 보팔에서 해로운 화학 물질을 유출해 많은 사람에게 질병을 일으킨 사건이 일어난 지 20주년이 되었어요. 비클바움은 자신이 이 회사의 관계자라고 속여 영국 BBC 방송사와 인터뷰했지요. 그는 생방송 뉴스 시간에 회사를 대표해 사과하면서, 희생자에게 의료비를 지불하고 가족에게도 배상금을 주겠노라고 약속했어요. 거짓말은 곧 밝혀졌지만, 회사가 희생자를 도울 생각이 전혀 없다는 것이 드러나면서 그 즉시 이 회사의 주식이 폭락했지요. 또 전 세계의 관심이 보팔 사건을 정의롭게 해결하라는 요구에 쏠렸답니다.

탈춤, 1600~1900년대

탈춤은 여러 가지 탈을 쓰고 춤을 추는 전통 가면극이에요. 조선 후기의 탈춤은 장터나 공터 등 백성들이 쉽게 모일 수 있는 곳에서 공연되었는데, 당시 사회 문제를 날카롭고 재미있게 풍자해 백성들에게 많은 사랑을 받았지요. 백성들은 단순히 탈춤을 보기만 하는 게 아니라 공연에 호응하며 함께 즐겼어요. 힘없는 백성들을 괴롭히는 부패한 양반과 타락한 승려 들을 함께 조롱하며 억눌렸던 감정을 겉으로 드러내고 힘든 마음을 툴툴 털어 냈지요.

배역에서 벗어난 선언, 1989년

베를린 장벽이 철거되려는 분위기가 점점 무르익자, 배우들도 함께 목소리를 내기로 했어요. 당시 동독에 속했던 드레스덴의 어느 극장에서는, 공연이 끝난 뒤 배우들이 무대에 남아서 "우리는 지금 맡은 배역에서 벗어나 다른 이야기를 시작하려 합니다." 라고 말하며 선언문을 낭독했지요. 선언문의 내용은 자유를 억압하는 정부를 비판하면서, 관객들에게 순종적인 국민 역할을 함께 벗어던지자는 제안이었어요. 드레스덴의 모든 극단은 배우들을 체포할 수 없도록 같은 선언문을 낭독했지요. 정부에서 체포하지 않는 대신 정치 발언을 금지하자, 배우들은 아무 말 없이 무대에 서서 저항하기도 했어요. 곧 독일 전역의 배우들이 함께하게 되었지요.

혁명을 위한 리허설, 1970년대

아우구스토 보알은 브라질의 군사 독재 시절에 활동한 연극 연출자예요. '토론 연극'이라는 새로운 연극을 만들어 독재 정권에 저항했지요. 보알은 토론 연극을 '혁명을 위한 리허설(연습 공연)'이라고 불렀어요. 사회적 약자를 관객으로 초청해서 이들의 어려움에 귀 기울이고 즉흥 연극에 참여하게 이끌었지요. 토론 연극의 배우와 '관객 배우'는 함께 실생활에서 겪는 억압을 물리치기 위한 다양한 방법을 연극으로 실험했어요. 막이 내리면 이제 실제 행동으로 옮길 준비를 마치는 셈이었지요. 보알은 나중에 시의원이 되어서도 연극을 이용해서 시민을 돕는 새로운 법을 만들기도 했어요.

싸우는 연극배우들, 2010년대

영국 석유 회사 BP가 유서 깊은 박물관과 극장 들을 후원하자, 활동가들은 여러 가지 창의적인 방법으로 항의 시위를 벌였어요. 맨 먼저 셰익스피어 연극 무대에 뛰어올라서 석유 회사가 기후 위기를 어떻게 앞당기는지 연기로 보여 주었지요. 그 뒤로도 이 배우 활동가들은 50차례 넘게 무대에 오르고, 분장한 채로 높이가 4미터나 되는 트로이 목마와 거대한 바이킹 배를 끌며 영국 박물관에 침입하기도 했어요. 점점 더 많은 사람이 이 시위에 함께하면서, 마침내 2019년에는 로열 셰익스피어 극단이 BP와 맺은 후원 계약을 취소하게 되었지요.

제 11 부

우리는 지금도

"좁은 틈새로도 제 길을 찾아
흐르는 물처럼 살아라!"

2010년대 이후

인터넷을 꺼라!
이집트 '아랍의 봄' 시위, 2011년

이집트는 1981년부터 거의 30년 동안 호스니 무바라크라는 독재자가 다스렸어요. 이집트 사람들은 무바라크를 좋아하지 않았지요. 무바라크도 그걸 모르지 않아서 자신을 보호하기 위해 점점 더 많은 경호원을 고용하고 시민을 감시하기도 했어요. 드디어 선거를 앞두게 된 국민들은 무바라크를 내쫓을 좋은 기회라고 여기며 기대했지요. 하지만 선거는 그저 눈속임일 뿐이었어요. 정부는 사람들이 투표하러 못 가게 막거나, 무바라크에게 투표하라고 협박했지요. 무바라크는 그렇게 부정 선거를 저질러 다시 이집트 대통령이 되었어요. 사람들은 물러나는 무바라크의 뒷모습을 영원히 볼 수 없을 것만 같았지요.

그래도 희망은 사라지지 않았어요. 마침 이웃 나라 튀니지에서 시민의 힘으로 독재 정권을 무너뜨린 '재스민 혁명'이 일어났거든요. 이 소식은 소셜 미디어를 통해 북아프리카와 서아시아 여러 나라로 퍼져 나갔고, 이집트 활동가들도 비밀리에 무바라크를 몰아낼 계획을 세우기 시작했어요. 혁명의 기운이 불어닥친 지금이야말로 바로 계획을 실행하기에 더없이 좋은 기회였기 때문이지요.

활동가들은 카이로에서 거리 시위를 벌이기로 하고, 소셜 미디어에 날짜를 올렸어요. 그날이 다가오자 1분마다 수천 명의 시민들이 시위에 함께하겠다고 댓글을 남겼지요. 하지만 그렇게 온라인상에서 일어난 저항의 움직임이 실제 카이로 거리에서 시위로 이어질지는 누구도 확신할 수 없었어요. 카이로에서는 두 사람 이상이 모이는 일도 금지되어 있었으니까요. 감시를 피하려면 영리하고 치밀한 전략이 필요했어요.

시위 주최 측은 그날 아침이 되자 소셜 미디어에 올린 공식 시위 장소였던 도심이 아니라, 더 많은 사람이 모일 수 있는 빈민가 쪽으로 출발했어요. 경찰은 시위대가 예상과 다른 방향으로 움직이자, 어쩔 줄 몰라 했지요. 그러는 사이 더 많은 군중이 모이며 시위대는 마침내 카이로 한복판에 있는 타흐리르 광장에 도착했어요. 누구도 무시할 수 없을 만큼 엄청난 수였지요. 시위대는 재빨리 텐트를 설치하고 계속 머무르며 지속적으로 즉흥 시위를 벌였어요. 시위는 자연스레 카이로의 여러 거리와 다리로 번져 갔지요.

무바라크는 이 사건이 인터넷에서 시작된 혁명이므로, 인터넷을 막으면 혁명의 불꽃도 금세 꺼질 거라고 생각했어요. 하지만 타흐리르 광장은 이미 아주 특별한 장소가 되어 있었지요. 사람들은 이곳에서 인터넷이 아니라 실제로 만나 자유롭게 이야기 나누며 다음 일을 계획했어요. 무바라크가 바라는 대로 인터넷을 막았지만 아무것도 바꿀 수 없었지요.

시위대는 곧 백만 명으로 불어났어요. 무바라크는 더 이상 모든 국민들이 그에게 투표하고 싶어 하는 것처럼 꾸며 댈 수 없었지요. 무바라크는 시위대가 광장을 차지한 지 18일 만에 인사 한마디 남기지 못하고 쫓겨나듯 자리에서 물러났어요. 이미 사람들은 그의 말이라면 충분히 들었지요.

이집트 국민들은 꿈도 꾸지 못했던 혁명을 단 며칠 만에 이루었어요. 튀니지와 이집트의 혁명은 시작일 뿐이었지요. 예멘, 바레인, 리비아, 시리아, 이란, 모로코 등 오랜 기간 동안 독재 정부가 지배하던 이웃 나라에도 시위가 불길처럼 번져 나갔어요. 이렇듯 아랍 지역에서 연속적으로 일어난 민주화 운동을 '아랍의 봄'이라고 일컫지요. 눈을 돌리는 곳마다 또 다른 독재자가 저 높은 자리에서 물러났지요.

그러나 안타깝게도 이집트 시위대는 무바라크를 내쫓는 데만 집중하느라, 그다음에 나라를 어떻게 이끌어 가야 할지에 대해 제대로 계획을 세우지 못했어요. 그래서 새로운 사회를 만들겠다는 꿈을 현실로 만들지 못했지요. 그래도 이집트 국민들은 타흐리르 광장에 머물며 미래를 꿈꾸던 일을 결코 잊을 수 없을 거예요. 함께 모이면 믿기 어려운 엄청난 일도 해낼 수 있다는 걸 알게 되었으니까요.

사람 대신 장난감으로
세계 곳곳에서 일어난 장난감 시위, 2010년대

러시아에서는 정권에 불만이 있어서 시위를 벌이려면 미리 허가를 받아야 했어요. 물론 정부에서 허락하는 경우는 거의 없었지요. 그래서 2012년에 시베리아의 한 작은 마을 사람들은 금지법을 피하면서 시위를 벌일 새로운 방법을 찾아냈어요. 사람들이 직접 거리에 나가는 대신 장난감을 내보내기로 한 거예요. 그리고 어느 눈 내리는 겨울날, 수백 개의 곰 인형과 레고 인형과 장난감 병정 들이 거리에서 정권에 항의하는 피켓과 현수막을 들고 있었어요.

얼마 지나지 않아 경찰이 현장에 도착해서 피켓과 현수막에 적힌 구호를 받아 적었어요. 경찰은 이 수많은 장난감들을 어떻게 체포해야 할지 몰라 머리만 긁적였지요. 이 우스꽝스러운 장면을 담은 사진이 러시아 전체로 퍼져 나가면서, 곧 온 나라에서 장난감 시위가 벌어졌어요. 정부는 사람들이 놀려 대자 화가 나서 무생물을 공공장소에 늘어놓는 일도 법에 어긋난다고 공식적으로 발표했지요.

사람 대신 장난감이 시위를 벌인 나라는 러시아뿐만이 아니에요. 2018년 보스니아 헤르체고비나의 도시 바냐루카에서는 시내 한복판에 있는 크라이나 광장에서 집회를 여는 일이 금지되었어요. 그러자 이듬해에 '사람 없는 시위'가 벌어졌어요. 자그마한 코끼리 인형과 곰 인형이 "광장은 우리 모두의 것이에요. 당신의 인형만을 위한 곳이 아니라고요."라고 적힌 현수막을 들고 있었지요. "우리를 사려면 장난감 가게에 가세요. 투표소가 아니라."라고도 적혀 있었어요. 경찰은 사람들이 인형들 가까이로 다가가지 못하게 가로막았지요. 아무리 귀여운 봉제 인형에게 들려 있는 문구일지라도, 정부가 그들을 향한 비판을 얼마나 두려워하는지 똑똑히 알 수 있는 사례였어요.

중국의 반정부 예술가인 아이웨이웨이도 작품을 만들 때 장난감을 활용했어요. 2014년에는 정부의 뜻을 거스르다 감옥에 갇힌 전 세계 정치범의 초상화를 만들겠다는 계획을 세웠지요. 그런데 온라인상에 있는 사진들을 찾다 보니 대개 해상도가 낮아 확대하면 깨져 보여서 마치 레고 블록으로 만든 것처럼 보였어요. 아이웨이웨이는 거기서 힌트를 얻어 블록으로 초상화를 만들게 되었지요.

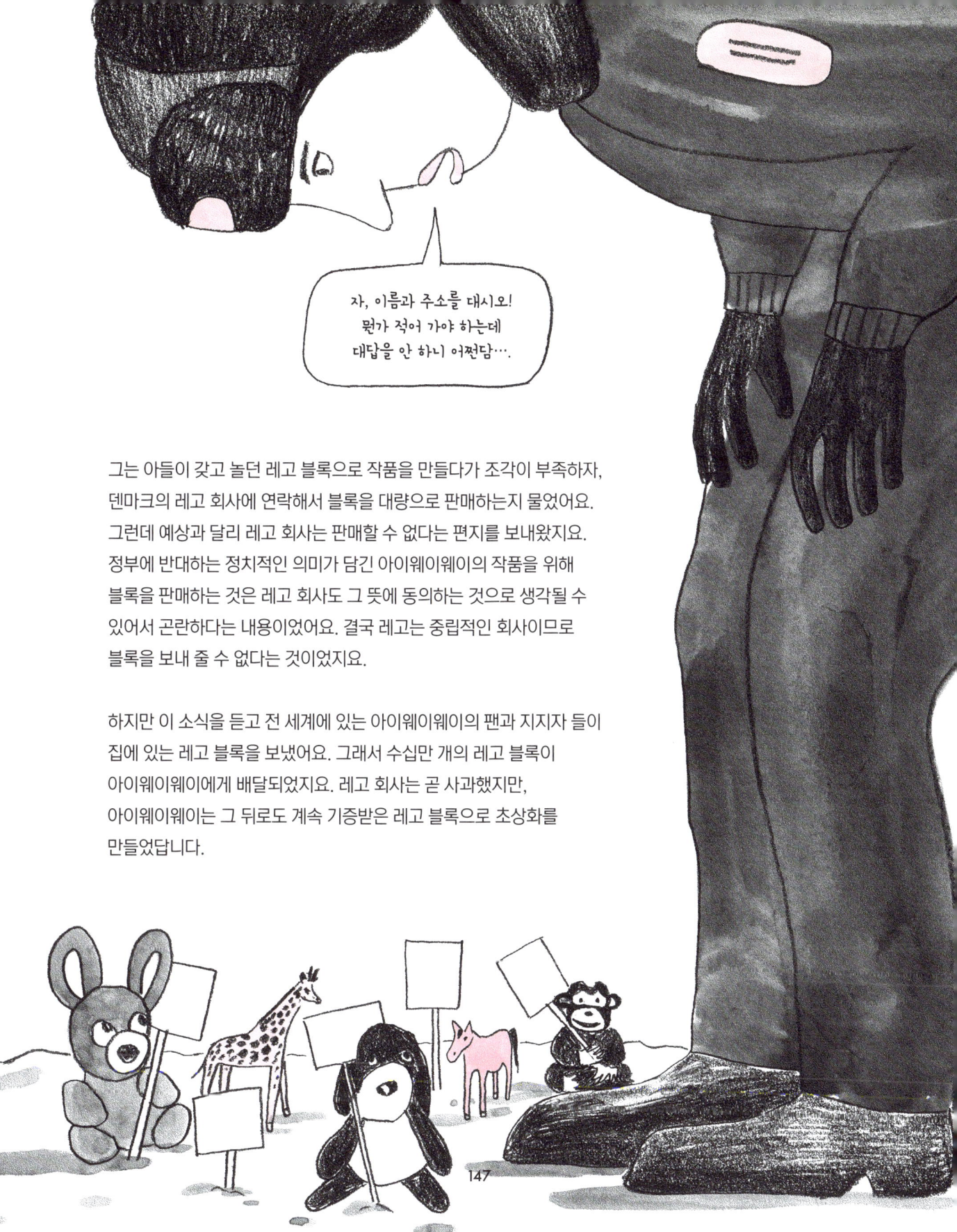

그는 아들이 갖고 놀던 레고 블록으로 작품을 만들다가 조각이 부족하자, 덴마크의 레고 회사에 연락해서 블록을 대량으로 판매하는지 물었어요. 그런데 예상과 달리 레고 회사는 판매할 수 없다는 편지를 보내왔지요. 정부에 반대하는 정치적인 의미가 담긴 아이웨이웨이의 작품을 위해 블록을 판매하는 것은 레고 회사도 그 뜻에 동의하는 것으로 생각될 수 있어서 곤란하다는 내용이었어요. 결국 레고는 중립적인 회사이므로 블록을 보내 줄 수 없다는 것이었지요.

하지만 이 소식을 듣고 전 세계에 있는 아이웨이웨이의 팬과 지지자 들이 집에 있는 레고 블록을 보냈어요. 그래서 수십만 개의 레고 블록이 아이웨이웨이에게 배달되었지요. 레고 회사는 곧 사과했지만, 아이웨이웨이는 그 뒤로도 계속 기증받은 레고 블록으로 초상화를 만들었답니다.

물이 되어라!
홍콩 민주화 시위, 2014년 이후

오늘날 지도에서 홍콩은 중국 땅으로 표시되어 있어요. 그런데 1997년까지만 해도 이곳은 영국의 식민지였지요. 1842년에 영국이 중국을 침략해 홍콩을 지배하다가, 약속한 1997년에 중국으로 지배권을 되돌려 준 거예요. 중국은 영국식 제도에 익숙해져 있는 홍콩에 어느 정도 자율권을 주기로 약속했어요. 하지만 홍콩 사람들은 앞으로 무슨 일이 벌어질지 걱정스럽기만 했지요.

처음에는 큰 변화가 없는 듯했어요. 하지만 점점 법이 엄격해지고 표현의 자유도 줄어들었지요. 젊은이들은 특히 걱정이 많았어요. 달라진 홍콩에서 살아갈 미래의 모습이 또렷이 그려지지 않았거든요. 그러다가 마침내 2014년에 젊은이들이 들고일어나 '우산 혁명'을 일으켰어요. 그들은 79일 동안 거리를 차지하고 도시를 마비시켰지만, 아무것도 달라지지 않았지요. 그러다 2019년에 법을 어긴 사람들을 가혹하게 처벌하는 새로운 법이 만들어지자, 홍콩 사람들은 다시 시위를 시작해야겠다고 생각했어요. 이번에는 새로운 전략을 짜서 더 강하게 맞서기로 했지요.

그들이 내건 구호는 "물이 되어라."였어요. 이 말은 전설적인 무술인이자 영화배우인 이소룡이 남긴 말이었지요. "좁은 틈새로도 제 길을 찾아 흐르는 물처럼 살아라. 자기를 내세우지 말고 사물에 맞추어라. 그러면 에둘러 가거나 뚫고 갈 길을 찾을 것이다…. 그리하여 물은 흘러갈 수도 있고, 부딪칠 수도 있다. 물이 되어라, 친구여." 시위대는 이 말에서 힌트를 얻어 모이는 형태를 끊임없이 바꾸었어요. 거리로 쏟아져 나왔다 사라지기도 하고, 여러 곳에서 한꺼번에 나타나거나 생각지 못한 방향으로 나아가기도 했지요.

시위대는 모일 시간과 장소를 미리 알리지 않았어요. 휴대 전화로 연락을 주고받으면서, 한순간에 모였다 흩어지기를 반복했지요. 시위대는 경찰이 혼란에 빠진 틈을 타 안전하게 시위를 이어 갔어요. 이들은 물처럼 부드럽고도 자유롭게 움직였어요. 서로에게 호흡을 맞추며 계획하고 실행해 나갔지요.

시위 중에 손으로 비밀 신호를 보내어 헬멧이나 매직펜 같은 여러 도구를 주고받기도 했어요. 때로는 인간 띠를 활용해 1킬로미터도 넘는 먼 곳까지 도구를 전달하기도 했지요. 군중들이 우산을 들고 다니는 모습도 자주 보였어요. 맨 앞에 있는 시위대는 이 우산으로 경찰의 공격을 막거나 카메라에 얼굴이 찍히지 않도록 가리기도 했지요.

거리 시위에 나선 젊은이들을 따라 더 많은 사람들이 행동에 나서게 되었어요. 35만 명이나 되는 노동자가 총파업을 벌이고 거리에 나와 개혁을 요구했지요. 노인 참가자인 '은발 시위대'는 손자들과 함께 참여해서 손 신호를 가르쳐 주거나 함께 간식을 먹으며 저항 운동에 관한 이야기를 나누었어요.

저항 운동이 끊임없이 이어지자 마침내 시위대가 요구한 대로 새로운 법이 철회되었어요. 하지만 홍콩의 저항은 여전히 끝나지 않았지요. 민주주의와 독립을 요구하는 목소리는 지금도 물처럼 흐르고 있어요.

이제 그만 멈춰!
미국과 전 세계의 BLM 시위, 2013년 이후

2013년에 미국의 알리시아 가자, 패트리스 컬러스, 오펄 토메티 세 여성이 "흑인의 생명도 소중하다."는 의미의 '블랙 라이브즈 매터(Black Lives Matter, BLM)' 운동을 시작했어요. 미국 사회에서 사라지지 않는 흑인 인종 차별과 경찰 폭력에 맞서 싸우려는 운동이었지요.

처음 이 운동이 시작된 것은 10대 흑인 소년 트레이번 마틴이 아무 잘못도 없이 도둑으로 몰려 살해당했는데도 백인 가해자가 제대로 처벌받지 않은 사건 때문이었어요. 사람들은 "흑인의 생명도 소중하다."는 해시태그(#BLM)를 소셜 미디어에 올리며 슬픔과 분노를 나누고, 미국 법이 인종 차별 범죄를 제대로 처벌하지 않는다는 사실을 널리 알렸지요.

온라인 시위는 곧 거리로 번져 나갔어요. BLM 시위대는 바닥에 드러누워 고속도로를 막거나 공항 터미널을 폐쇄하기도 했지요. BLM 시위대와 뜻을 같이하는 사람들은 전국에 흩어져 있었지만, 원활히 소통하면서 효과적으로 연대하는 방법을 발전시켜 나갔어요. 그래서 수많은 시위대가 여러 도시에서 한꺼번에 모이고 빠르게 움직일 수 있게 되었지요.

그리고 2020년에 흑인 아머드 아버리와 브리오나 테일러가 이유 없이 경찰에게 살해당하자 미국 흑인 사회는 또다시 충격에 휩싸였어요. 그와 함께 코로나 19로 목숨을 잃는 흑인이 백인에 비해 지나치게 많다는 사실을 깨달았지요. 경찰이 흑인 조지 플로이드를 체포하는 과정에서 목을 눌러 숨지게 한 영상까지 퍼지자, 나라 전체가 BLM 시위대의 물결로 일렁거렸어요. 그리고 며칠 사이에 전 세계로 퍼져 나갔지요.

조지 플로이드의 죽음을 슬퍼하는 사람들과 BLM 시위대는 그가 숨진 교차로로 모여들었어요. 그들은 거리를 꽃으로 가득 메우고, 스프레이로 횡단보도에 구호를 적기도 했지요. 곧 전국 곳곳에서 사람들이 거리로 쏟아져 나와 조지 플로이드의 죽음을 함께 슬퍼했어요.

시위는 몇 주 동안 계속되었어요. 시위대는 수많은 흑인의 목숨을 끊임없이 앗아 가는 인종 차별 제도를 끝장내야 한다고 주장했지요. 또 경찰에 퍼부을 돈을 지역 사회에 투자하라고 정부에 요구했어요. 시애틀에서는 시위대가 캐피틀 힐 지역의 거리와 공원에 자치구를 선포하기도 했지요. 그들은 경찰이 그곳에 들어오지 못하도록 막으면서 다음에 할 행동을 계획하고 조직했어요.

영국 브리스틀에서는 BLM 시위대가 17세기 노예 무역상 에드워드 콜스턴의 동상을 끌어내려 모두를 놀라게 했어요. 그들은 아주 커다랗고 무거운 동상의 목에 밧줄을 걸어 쓰러뜨린 다음, 조지 플로이드가 당한 것과 똑같이 무릎으로 목을 눌렀지요. 그러고는 계속 굴려서 바닷물에 던져 버렸어요. 동상이 있던 자리에는 "고향을 빼앗긴 노예들에게 이 명판을 바친다."고 적은 종이를 붙였지요. 이 일이 있은 뒤로 식민지 개척이나 노예 무역과 관계있는 인물들의 동상 180여 개가 파손되거나 목이 잘리고, 스프레이로 범벅이 되었어요. BLM 운동이 활발해지면서 흑인에게 큰 고통을 주었던 역사 인물을 동상으로 만들어 기리는 것은 문제가 있다는 생각이 널리 퍼진 거예요. 여러 시에서는 의회가 공식적으로 동상을 철거하기도 했지요.

BLM 시위는 전 세계에서 일어난 시위 가운데 규모도 영향력도 가장 큰 편이에요. 특히 미국에서는 시민 수천만 명이 거리로 끊임없이 쏟아져 나와 인종 차별에 반대하면서, 이 문제를 정치와 문화의 중요한 핵심 과제로 다루었지요. 시위대는 모든 미국 지방 정부에 흑인들의 지역 사회를 위해 투자해 줄 것을 끊임없이 요구하며 흑인이 존중받고 안전한 삶을 살 수 있도록 노력하고 있어요. 하지만 아직 그 길은 멀기만 하지요.

온라인

특별한 전략

사람들은 인터넷이 발명되기 전부터 디지털 기술을 사용해 메시지를 빠른 속도로 전달했어요. 그리고 기술이 계속 발전함에 따라, 가상 공간에서 다양한 방법으로 각자의 뜻을 메시지로 전달하고 있지요.

스팸 메일 공격, 1990년대 이후

1990년대 영국 정부는 전자 음악에 맞추어 밤새 춤을 추는 레이브 문화가 유행하자, 이를 통제하려고 레이브 파티에서 반복적인 리듬으로 연주하는 것을 금지했어요. 그러자 이 음악을 아끼는 사람들은 정부 관계자들의 받은 편지함이 가득 차서 정작 필요한 메일을 받지 못하게 하려고 수천 통의 메일을 보냈지요. 또 정부 기관 웹사이트를 공격해서 일주일 동안 먹통으로 만들었어요. 최근에는 특정 주제로 연달아 소셜 미디어에 해시태그를 다는 운동으로 발전했지요.

가상 공간 농성, 1995년

이탈리아의 '스트라노 네트워크'는 '서비스 거부 공격(Dos)'이라는 방법을 처음으로 사용했어요. 프랑스 정부의 핵 정책에 반대하기 위해서였지요. 이 가상 공간 농성은 수천 명이 한꺼번에 같은 웹사이트에 방문하여 끊임없이 새로고침 버튼을 눌러서 웹사이트를 다운시키는 방법이에요. 꽤 단순한 기술이지만 오늘날에도 국제 해커 집단 '어나니머스(이름 없는 사람들)'가 계속 쓰고 있어요. 이들은 좀 더 정교한 기술로 웹사이트를 해킹해서 비밀 정보를 빼낸 다음 대중에게 풀어 버리기도 하지요.

자유를 꿈꾸는 블로그, 2009년

말랄라 유사프자이는 파키스탄 북서부 지역에서 자랐는데, 이 지역은 탈레반이라는 테러 집단이 점령하고 있었어요. 탈레반은 여자아이에게는 교육이 필요 없다고 주장했지만, 말랄라는 학교를 사랑하고 배움을 즐기는 아이였지요. 말랄라는 11살 때, 이름을 숨긴 채 탈레반에게 억압받으며 살아가는 일상을 영국 BBC 방송 블로그에 글로 올리기 시작했어요. 블로그가 유명해지자 말랄라의 정체도 드러났지요. 탈레반은 컴퓨터 앞에 앉아 있는 어린 말랄라를 죽이려 들었어요. 다행히 말랄라는 영국으로 옮겨져 가까스로 건강을 회복했고, 다시 학교도 다닐 수 있게 되었지요. 말랄라는 17살이라는 역대 가장 어린 나이로 노벨 평화상을 받았답니다.

미국 대통령과 맞서 싸운 케이팝 팬들, 2020년

도널드 트럼프 미국 대통령은 코로나 19의 대유행과 미국 곳곳에서 벌어지는 '흑인의 생명도 소중하다.'는 시위도 무시한 채 대규모 선거 운동을 계획했어요. 그러자 한국의 대중음악인 '케이팝' 팬들이 콘서트 표를 살 때 갈고닦은 실력을 발휘해서 좌석 수천 개를 예약했지요. 참석할 의도는 처음부터 전혀 없었어요. 트럼프는 그의 연설을 들으러 백만 인파가 모인 모습을 뽐내려고 했지만, 커다란 체육관에 도착했을 때 빈 좌석이 수천 개나 되는 걸 보고 무척 당황해했어요. 또 케이팝 팬들은 흑인의 목숨을 앗아간 경찰을 두둔하는 사람들이 "파란 생명도 소중하다."라는 해시태그를 내걸자, 이 해시태그를 "흑인의 생명도 소중하다."라고 바꿔 진행한 운동 단체의 시위를 지지했어요. 팬들끼리 수백만 달러의 기금을 모아서 이 운동 단체에 기부하기도 했답니다.

해시태그 운동, 1988년 이후

SNS가 발달한 오늘날에는 특정 단어나 문구 앞에 '해시태그(#)'를 써서 편리하게 정보를 공유하거나 검색할 수 있어요. 해시(hash)는 '끌어모음', 태그(tag)는 '꼬리표'라는 의미를 갖고 있지요. 해시태그는 처음엔 놀이 문화로만 이용되다 콘텐츠를 만들고 사회운동의 역할로까지 확장되어 가고 있어요. 언론이 아닌, 소셜 네트워크 서비스에 의해 시민들 스스로가 주도하는 여론을 만들어가는 거지요. '2015년 11월 파리 테러' 직후에는 '해시태그 파리를 위한 기도(#PrayForParis)'를, 같은 해 네팔의 수도 카트만두에서 진도 7.8의 강진이 일어났을 때에는 '해시태그 네팔을 위한 기도(#PrayForNepal)'로 애도의 뜻을 표현했어요.

비밀 통신 '불라' 작전, 1980년대

남아프리카 공화국의 인종 차별 반대 운동가들은 정부에게 감시당하는 일이 많아서, 서로 비밀리에 의사소통할 방법이 필요했어요. 남아공을 탈출해서 런던에 살고 있던 팀 젠킨은 몇 해 동안이나 이 문제를 해결하려고 노력한 끝에 마침내 비밀 통신 '불라'를 개발했지요. 그가 개발한 비밀 통신은 먼저 노트북으로 메시지를 입력하여 부호로 변환해야 해요. 그리고 이 부호를 다시 소리로 바꾼 뒤 전화를 걸어서 자동 응답기에 녹음하지요. 끝으로 이 소리를 다시 원래 메시지로 바꾸는 조금 복잡한 과정을 거쳐야 했지만 비밀은 완벽히 지켜졌어요. 그는 전 세계에 있는 활동가들에게 불라로 안전하게 소식을 전했지요.

제 12 부

희망의 새싹
"지금 바로 행동합시다!"

새로운 씨앗

땅을 지킨 사람들
미국 다코타 액세스 송유관 반대 시위, 2016년 이후

아메리카 원주민인 라코타, 다코타, 나코타 부족에게는 조상 대대로 내려온 예언이 있어요. 언젠가 거대한 검은 뱀이 나타나 땅을 온통 휘감아서, '운시 마카' 즉 '할머니 지구'를 위험에 빠뜨릴 거라는 내용이었지요. 사람들은 오랫동안 검은 뱀이 언제 어떤 모습으로 나타날지 궁금해했어요. 혹시 온 나라를 구불구불 휘감아 새로 건설한 고속도로가 검은 뱀인 건 아닐까 생각했지요. 그러다가 '다코타 액세스 송유관' 설치 계획을 듣게 되었어요. 노스다코타주의 땅속 깊은 곳에서 검고 진한 원유를 뽑아내어 수천 킬로미터 밖으로 내보내기 위해 거대한 관을 땅속에 만드는 계획이었지요. 원주민들은 이 송유관이 그들이 신성하게 여기는 스탠딩록 유적지와 미주리강을 지나간다는 이야기를 듣고 그제야 깨달았어요. 검은 뱀 '주제카 사파'가 드디어 나타났다는 것을 말이에요.

원주민들은 물은 곧 생명이며, 깨끗한 물이 없으면 인간과 자연 모두 살아남을 수 없다는 걸 잘 알고 있었어요. 다코타 송유관은 원주민들이 '미니 소세'라 부르는 미주리강을 오염시킬 위험도 매우 컸지요. 이곳 사람들에게 물은 그냥 강이 아니라 가족 같은 존재였어요. 그들은 대대로 가족을 돌보는 마음으로 강을 보호하려고 했지요.

원주민 예언에는 검은 뱀에 맞서 싸우는 이야기도 담겨 있었어요. 사람들이 힘을 모아서 뱀의 머리를 벤다는 이야기였는데 놀랍게도 그런 일이 실제로 일어났지요.

원주민들은 석유 회사와 처음 만난 자리에서 꼿꼿이 선 채 송유관에 반대한다고 말했어요. 1851년에 맺은 오래된 조약에 따르면, 이 땅은 원주민의 것이었어요. 나이 든 원주민 지도자들은 편지를 쓰고 연설하고 정부에 탄원서를 보내면서 끊임없이 항의했지요. 곧 불도저로 밀어 사라질 위험에 놓인 유적지 가까이에 천막을 치고 머무르면서, 무슨 일이 벌어지는지 감시하기도 했어요.

그런가 하면 젊은이들은 그들만의 방식으로 저항했어요. 10대 청소년들은 대통령에게
도움을 요청하려고 백악관까지 교대로 수천 킬로미터를 달려서 탄원서를 전달했지요.
끝내 대통령은 얼굴을 비치지 않았지만, 전 세계 사람들이 이 젊은이들을 지켜보고 있었어요.
또 여름이 끝날 때까지 1만 명이나 되는 사람들이 원주민과 연대하려고 스탠딩록에 있는
작은 시위 캠프로 모여들었지요. 시위 캠프는 수많은 사람을 받아들이며 점점 더 커져 갔어요.

시위 캠프는 옛이야기에 나오는 것처럼 여럿이 함께 마음을 나누는 장소였어요. 한가운데에
모닥불을 두고 밤낮으로 꺼지지 않도록 지켰지요. 사람들은 모닥불 둘레에 모여 노래하고
춤추고 요리하고 시위 계획을 세웠어요. 모두 각자에게 주어진 나무를 자르거나 배움터를
운영하는 등의 역할을 충실히 해냈지요. 시위 캠프는 수백 년 전 원주민 마을에 침략했던
백인들의 식민 지배에 대한 저항과 크게 다르지 않았어요. 시위대는 날마다 여러 명이 짝을
지어 직접 공사 현장으로 행진했고, 인간 띠를 만들어 불도저를 둘러싸거나 경찰의 주의를
흩뜨리기도 했지요.

그들은 평화로운 시위를 이어 갔지만, 정부와 석유 회사는 계속해서 경찰과 군대를 보냈어요.
물대포와 경찰견과 최루탄으로 시위대에게 겁을 주었지요.

시위대 사람들은 갖은 두려움을 이겨 내며 오랫동안 싸운 끝에 마침내 대통령의 지지를
얻어 냈어요. 하지만 새로 뽑힌 대통령이 곧바로 태도를 바꿨지요. 시위 캠프에서는
'물을 지키는 사람들'이라는 조직이 생겨나 싸움을 이어 갔어요. 이미 3년 동안이나 송유관으로
석유를 내보내고 있었지만, 시위대는 지치지 않고 계속해서 전 세계를 향해 이야기했지요.
원주민에게는 땅을 지킬 권리가 있으며, 석유 회사는 자연에 해를 끼치지 않는 방식으로
새로운 에너지 대책을 세워야 한다고요. 이 책이 나오기 얼마 전, 드디어 법원이 다코타 송유관을
폐쇄하라는 명령을 내렸어요. 검은 뱀의 몸속으로 흐르던 석유가 그 흐름을 멈추게 된 거예요.
하지만 언제라도 사업을 다시 시작하려는 세력 때문에 논쟁은 계속되고 있지요.

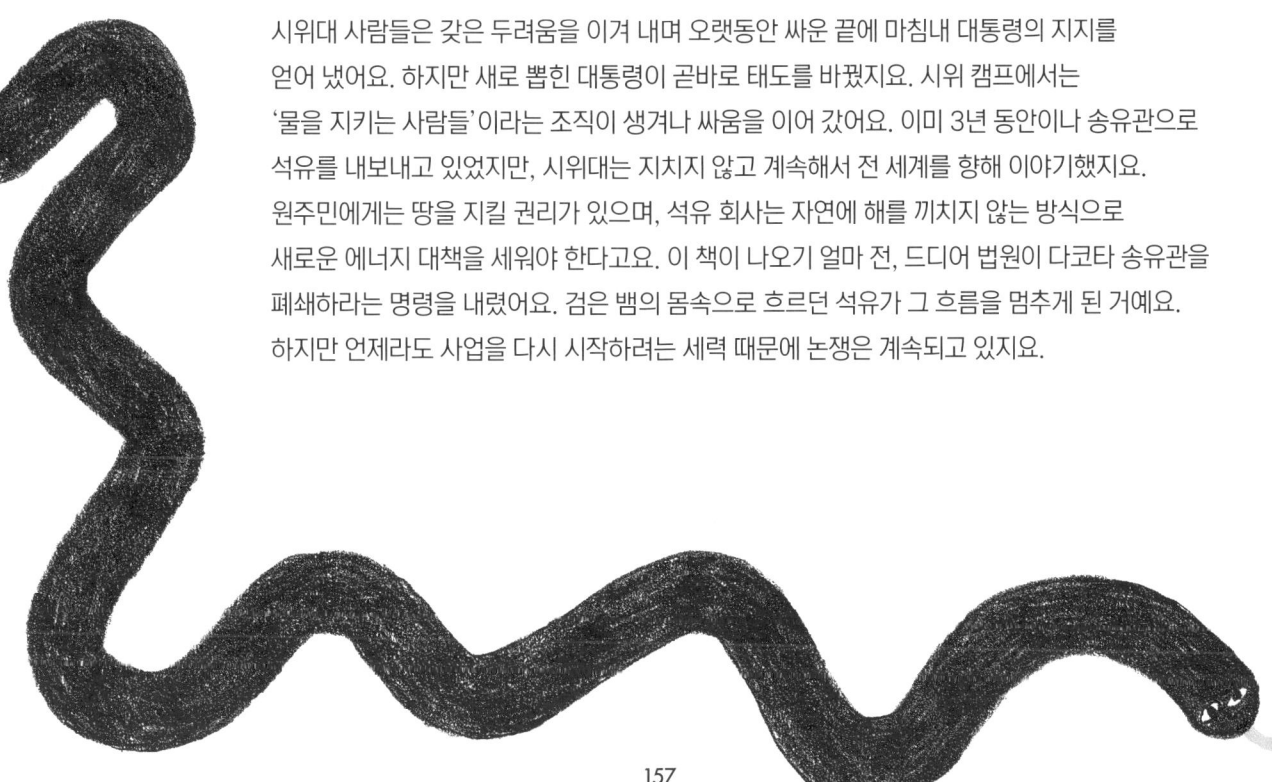

지금 바로!
전 세계 기후 변화에 저항하는 '멸종 반란' 운동, 2018년 이후

미래를 향해
기후를 위한 학교 파업, 2018년 이후

언젠가부터 지구의 날씨는 점점 이상해져 갔지만, 아무도 그 문제를 이야기하지 않았어요. 하지만 스웨덴이 262년 만에 가장 더운 여름을 맞이하자, 15살의 그레타 툰베리는 온통 날씨 걱정에 사로잡혀 있었지요. 툰베리가 보기에 정치인도 주변의 어떤 어른도 다들 별것 아닌 문제로 여기는 것 같았어요.

그레타 툰베리는 어른들이 나서지 않으니 스스로 나서야겠다고 마음먹었어요. 그래서 어느 월요일 아침, 학교에 가지 않고 스웨덴 국회 의사당으로 걸어갔지요. 정치인들이 국회 의사당을 드나들 때마다 보기를 바라며 '기후를 위한 학교 파업'이라고 적힌 피켓을 들고 있었어요. 툰베리는 온종일 국회 의사당 밖 돌바닥에 앉아 있다가, 소셜 미디어에 사진을 올리고는 집으로 돌아갔지요. 다음 날 아침, 그날도 혼자서 시위할 생각으로 국회 의사당으로 갔어요. 그런데 툰베리만큼이나 기후 문제에 관심이 많은 사람들이 함께하려고 모여 있었지요. 사람들은 툰베리가 소셜 미디어에 올린 글을 열심히 퍼 날랐고, 그 주가 끝날 무렵에는 신문 기자가 사진을 찍어 갔어요.

툰베리와 함께 '학교 파업'에 참여한 이들은 스웨덴 총선거가 열리는 날까지 날마다 국회 의사당 앞에 머물렀어요. 그런데 학교 파업으로 사람들의 관심을 끌었음에도 불구하고 정치인들은 여전히 뾰족한 대책을 세우지 않고 시간 낭비만 했지요. 툰베리는 선거가 끝난 뒤에도 매주 금요일마다 학교 파업을 계속 이어 가는 한편, 유럽 여러 나라에 초대받아 사람들 앞에서 지구를 위해 바뀌어야 한다고 연설했어요. 이듬해 3월까지 뉴욕에서 나이로비까지, 시골 마을부터 소도시와 대도시까지, 세계 곳곳의 140만 학생이 '미래를 위한 금요일' 파업에 참여했지요.

전 세계에는 그레타 툰베리처럼 지구의 환경을 위해 싸우는 청소년이 아주 많아요.

캐나다 원주민 활동가 오텀 펠티에는 13살에 쥐스탱 트뤼도 총리에게 맞서서 원주민 땅을 지나가는 송유관 건설을 멈추라고 주장했어요. 지금은 캐나다 온타리오주 원주민 정치 조직인 '아니시나벡 네이션'의 물 위원장으로 일하고 있어요.

우간다에 사는 바네사 나카테는 전 세계에서 일어나는 학교 파업 소식을 듣고 함께하고 싶었어요. 우간다에서는 시위를 벌이다 체포될 수 있어서 함께할 친구를 찾지 못했는데, 마침 동생들이 함께해 주었지요. 나카테는 그 뒤로도 전국 기후 파업을 세 번이나 이끌었고, 한편으론 기후 위기 활동을 다루는 언론 보도에서 백인 활동가에게만 관심을 보이자 인종 차별 문제에도 관심을 갖게 되었어요.

브라질 원주민 활동가 아르테미사 사크리아바는 아마존 열대 우림에서 일어난 대규모 화재와 그 결과를 직접 눈으로 보고, '숲을 지키는 사람들'이라는 원주민 단체와 함께 일하게 되었어요. 이 단체는 4억 헥타르가 넘는 열대 우림과 그곳에 사는 사람들을 보호하는 일을 하고 있지요.

아름다운 자연으로 유명한 중국 구이린에서는 청소년 활동가 어우홍이가 위험을 무릅쓰고 과감하게 기후 변화 행동에 나섰어요. 어우홍이는 그레타 툰베리처럼 시청 앞에서 학교 파업 시위를 벌이다 퇴학당하고, 가족과 함께 경찰 조사를 받아야 했지요. 시청 앞을 떠나라는 명령을 받자, 어우홍이는 '생존을 위한 나무 심기'라는 계획을 세우고 건물 둘레에 나무를 심기 시작했어요.

케냐의 엘리자베스 완지루 와투티는 7살에 처음으로 나무를 심었어요. 21살이 되자 '녹색 세대를 위한 계획'이라는 조직을 만들고 학교와 또래 청소년들과 함께 3만 그루가 넘는 나무를 심었지요.

미국의 이스라 헐시는 16살에 '미국 청소년 기후 파업'이라는 단체를 공동으로 만들고, 기후 변화 운동에서 유색인 활동가들이 더욱 목소리를 높일 수 있도록 힘을 보태 왔어요. 미국과 전 세계에 있는 가난한 유색인들이 기후 위기에 더 큰 영향을 받는다는 점을 강조하고 있지요.

미국의 재너지 아티스도 이스라 헐시처럼 기후 위기와 인종 차별이 관계있다는 점을 강조해 왔어요. 아티스는 우리에게 시간이 없다는 의미의 청소년 기후 운동 단체 '0시간'을 공동으로 만들었지요. 이 단체는 인종과 기후 사이의 연관성에 대해 관심을 갖고, 청소년 기후 활동가 회의를 열었어요. 또 행진과 예술 축제를 벌이며 정치인과 공무원을 만나 설득하는 일도 하지요.

청년들이 이끄는 정치 조직 '선라이즈 운동'은 미국 워싱턴에 있는 정치인들의 사무실에서 천 명이 함께 농성을 벌이면서, 친환경 경제 정책인 '그린 뉴딜'을 펼치라고 요구했어요. 이들은 기후 변화에 초점을 맞춘 정치 논쟁이 이루어지도록 꾸준히 활동하고 있어요.

인도의 리디마 판데이는 9살 때 기후 변화에 아무런 대책을 세우지 않는 인도 정부를 고소했어요. 그 뒤로 그레타 툰베리를 비롯한 전 세계 청소년 활동가와 함께 다섯 나라를 국제 연합(UN)에 제소했지요. 기후 위기를 해결하고자 아무 노력도 하지 않아서 어린이의 권리를 침해했다는 이유였어요.

연대

누군가와 같은 마음으로
나란히 서고, 함께 무언가를
하며 지지하고, 함께 책임을
진다는 것은 놀라운 경험이에요.

특별한 전략

퇴거 불응 운동, 1930년대

미국에서 대공황이 일어나자, 수백만 명이 일자리를
잃고 집에서도 쫓겨날 위험에 처했어요. 사람들은
전국 실업자 협회에 가입하는 한편, 친구들이나 이웃들과
여럿이 함께 연대하여 집주인을 찾아가서 쫓겨나는 것을
막았지요. 2011년에도 미국 뉴욕주 로체스터에 사는
어느 가족이 집에서 쫓겨나게 되자, "땅을 돌려받자."라는
단체의 활동가 80명이 이 가족을 지켜 주었지요.
이 '퇴거 불응 운동'은 오늘날에도 세입자가 집을 지키는
방법으로 이용되고 있어요.

동학 농민 운동, 1894년 이후

조선 후기에 천주교(서학)가 들어오자, 경주에
살던 양반 최제우가 우리 사회에 어울리는 동학을
만들었어요. 차츰 믿는 사람들이 늘어나면서
동학은 종교를 넘어 사회 개혁 운동으로 바뀌기
시작했지요. 그 무렵, 고부에서 군수의 횡포와
착취가 극에 달하여 농민들이 폭발하는 사건이
일어났어요. 동학도는 농민들과 합세해
'동학 농민 운동'을 일으키게 되었지요. 그들은
노비 해방과 신분제 폐지, 탐관오리와 부호 처벌 등을
요구했어요. 한때는 관군을 무찌르며 삼남 지방을
휩쓸었지만, 중국 청나라와 일본의 개입으로 결국
실패로 끝나고 말았지요. 동학 농민 운동은 그 뒤에
항일 의병 투쟁과 3·1운동으로 계승되었어요.

에스파냐 왕위 계승 전쟁, 1701~1714년

1701년에 프랑스·에스파냐와 영국·오스트리아·
네덜란드 사이에 전쟁이 일어났어요. 1700년,
에스파냐 왕이 죽고 프랑스 왕 루이 14세의 손자가
즉위하게 되자, 영국·네덜란드 및 에스파냐 왕위
계승권을 주장하는 오스트리아 3국이 동맹을 맺고
선전 포고를 하였지요. 프랑스와 에스파냐의 제휴로
신대륙 해상 무역을 독점하지 못하도록 막으려는
것이었어요. 전쟁은 동맹군 측에 유리하게
끝을 맺었지요. 프랑스는 펠리페 5세의 왕위 계승을
인정받았지만 식민지 영토를 잃고 경제적으로도
패배하게 되었어요.

자유를 위한 인간 띠 잇기, 1989년

발트 3국이 소련으로부터 독립하고자 싸울 때, 수백만 명의 국민이 손을 맞잡고 팔짱을 끼면서 에스토니아, 라트비아, 리투아니아 세 나라를 잇는 길고 긴 인간 띠를 만들었어요. 그때 이들이 만든 인간 띠를 '발트의 길'이라고 부르는데, 무려 600킬로미터에 이르렀지요. 사람들은 서로의 손을 맞잡으며 시위에 함께한 다른 사람들의 에너지와 연대감을 느끼며 힘을 얻었어요. 그 뒤 몇 달이 지난 뒤, 리투아니아가 먼저 독립을 선언했고, 다른 두 나라도 잇따라 독립을 이루었지요.

광부를 지지하는 성 소수자들, 1980년대

광산 노동자들은 수십 년 만에 가장 큰 규모로 파업을 벌였어요. 영국의 경제 상황이 좋지 않다는 이유로 정부가 경제성이 떨어진 탄광을 폐쇄하고, 인력을 감축한다고 발표했기 때문이지요. 성 소수자 단체들은 그들의 요구가 사회에서 무시당하는 기분을 잘 알고 있어서 광부들을 위해 기금을 마련해 찾아갔어요. 광부들은 크게 감동해서 성 소수자들과 연대해 이듬해 프라이드 행진 때 함께 참여했지요.

한국 최초의 상인 조합 보부상단, 1800년대 이후

전국의 시장을 돌아다니며 장사를 하던 행상을 '보부상'이라고 해요. 부피가 크고 값싼 것을 파는 '부상'과 부피가 작고 값나가는 것을 파는 '보상'을 일컫지요. 전국을 돌아다니다 보니 보부상을 강도로 몰아 재물을 빼앗는 일이 빈번했지만, 호소해도 매를 맞거나 죽는 사람들이 줄어들지 않았어요. 1800년대 말, 그들은 서로를 지키기 위해 보부상단을 만들었어요. 한국 최초의 상인 조합이었지요. 그들은 체계적인 연락망과 엄격한 윤리적 행동 규범으로 단결하고 힘을 과시했어요. 무엇보다 민주적인 투표를 통해 임원을 선출했지요.

결혼식을 지키는 사람들, 2011년

이집트에서 아랍의 봄 시위가 일어났을 때, 사회가 불안해 예식장이 문을 닫으면서 여러 결혼식이 취소되었어요. 그러자 결혼을 앞둔 예비부부들은 타흐리르 광장에 모인 시위대가 지켜보는 가운데 결혼식을 올리기로 했지요. 어느 기독교인 부부가 광장을 둘러싼 탱크 사이에서 결혼식을 올리자, 이슬람교도 시위대는 이 부부를 둥그렇게 에워싸고 평화롭게 축복해 주었어요. 반대로 이슬람교도가 기도하는 동안에는 기독교도가 이들을 둘러싸고 보호해 주었지요.

옮긴이의 말

아주 뜻깊은 책의 번역을 이제 막 마무리하고 독자 여러분의 손에 가 닿기를 설레는 마음으로 기다리고 있어요. 이 책은 전 세계에서 왕과 귀족, 약소국 등 온갖 거대한 힘에 맞서 싸워 온 '마이너리티', 즉 소수자의 역사와 자유, 환경, 인종 등을 위한 의미 있는 역사적 움직임을 다룬 책입니다. 소수자는 수가 적은 편이라는 뜻에서 나온 말이지만, 단지 수의 문제가 아니라 최소한의 권리조차 지킬 힘이 없었던 이들을 일컫기도 해요. 대부분 우리가 배우고 이야기하는 역사는 한 나라 혹은 세계의 권력을 누가 빼앗고 빼앗겼는가를 위주로 소개되어 있어요. 하지만 그 뒤에는 언제나 그들의 권력 투쟁 때문에 울고 웃던 보통 사람들이 있었지요. 이 책 한 권에는 권력자가 잘못을 저지를 때마다 생존을 위해 싸움에 나섰던 사람들의 조금은 덜 알려져 있던 이야기들이 흥미진진하게 담겨 있답니다.

우리가 바라보는 한 사회의 변화는 너무나 더디게 느껴지기도 하지만, 지난 2천 년, 3천 년 전에 비하면 눈부시게 달라졌구나 하는 생각이 들면서 진일보를 향한 희망을 품게 되기도 합니다. 지금 우리가 누리는 이 모든 것은 늘 최전선에서 노력했던 이들의 노력과 희생 덕분이라는 생각에 숙연해지기도 하고요.

이 책은 서구의 사례를 중심으로 정리되어 있어서 조금 생소할 수도 있고, 우리에게는 아직 멀게만 느껴지는 부분도 있을 거예요. 특히 성 소수자 인권 이야기를 읽으며 불편함을 느끼는 독자들도 있겠지만, 이 책에 담긴 메시지와 다양한 사례를 통해 어쩌면 우리가 소홀히 했을지도 모를 우리 사회의 인권 수준을 한 걸음 앞으로 나아가게 하는 데 보탬이 되리라고 생각합니다.

나와 우리 가족, 나아가 우리 사회와 전 세계를 위한 운동은 대단한 사람만 하는 것이 아니에요. 누구든 할 수 있고, 생각보다 아주 작은 것에서부터 시작될 수 있지요. 여러분도 이 책에 등장하는 청소년들처럼 우리 모두의 미래를 위해 아주 작은 것부터 시작해 보기를 기대해 봅니다.

김은정

참고 자료

이 책을 만들기까지 여러 역사가와 연구자, 작가 들의 기록에 빚졌습니다. 한국에 번역 출간된 도서는 한글 제목과 작가명을 표기했고, 그렇지 않은 도서는 원어를 그대로 수록합니다.

저항 운동에 관해 일반적으로 다룬 책 가운데 가장 유용하게 참고한 책은 다음과 같습니다.
《Beautiful Trouble》 Andrew Boyd, Dave Oswald Mitchell(편집)
《Beautiful Rising》 Juman Abujbara, Andrew Boyd, Dave Oswald Mitchell, Marcel Taminato(편집)
《Street Spirit(거리 민주주의)》 스티브 크로셔 지음, 문혜림 옮김, 산지니.
《Small Acts of Resistance》 Steve Crawshaw, John Jackson
《Why Civil Resistance Works(비폭력 시민운동은 왜 성공을 거두나?)》 에리카 체노웨스, 마리아 J. 스티븐 지음, 강미경 옮김, 두레.
《This is an Uprising(21세기 시민혁명)》 마크 엥글러, 폴 엥글러 지음, 김병순 옮김, 갈마바람.
《How to Change the World(인생학교: 세상)》 존 폴 플린토프 지음, 정미우 옮김, 쌤앤파커스.
《Disobedient Objects》 Catherine Flood, Gavin Grindon
《Direct Action》 L.A. Kauffman
《Nonviolence(비폭력)》 마크 쿨란스키 지음, 전제아 옮김, 을유문화사.
《Why It's Still Kicking Off Everywhere》 Paul Mason
《Fighting Sleep》 Franny Nudelman
《It Was Like a Fever》 Francesca Polletta
《Blueprint for Revolution(독재자를 무너뜨리는 법)》 스르자 포포비치, 매튜 밀러 지음, 박찬원 옮김, 문학동네.
《Space Invaders》 Paul Routledge
《Hope in the Dark(어둠 속의 희망)》 리베카 솔닛 지음, 설준규 옮김, 창비.
《The Politics of Nonviolent Action》 Gene Sharp. 이 책은 가장 훌륭하고 고전적인 저항 운동 전략의 백과사전입니다.

각각의 장들은 다음 책들의 도움을 받아 썼습니다.
《India's Ancient Past》 R. S. Sharma (제2부 칼라브라 반란)
《The World Turned Upside Down》 Christopher Hill (제2부 레벌러스와 디거스)
《Our History is The Future》 Nick Estes (제3부 아메리카 원주민의 유령 춤, 제12부 다코타 액세스 송유관 반대 시위)
《Abolition!》 Richard S. Reddie (제3부 노예제에 맞섰던 아프리카, 아메리카, 유럽의 역사)
《Nonviolence(비폭력)》 마크 쿨란스키 지음, 전제아 옮김, 을유문화사. (제3부 마오리족의 저항, 제6부 소금 행진)
《Non-Violence and the French Revolution》 Micah Alpaugh (제4부 프랑스 혁명)
《Riot》 Ian Hernon (제4부 피털루 학살)
〈The History of May Day〉 Eric Hobsbawm; Tribune magazine 기사 (제4부 노동절 '메이데이'의 역사)
《The Suffragettes in Pictures》 Diane Atkinson (제5부 여성 인권 운동)
《Women, Resistance and Revolution》 Sheila Rowbotham (제5부 여성 인권 운동)
《The Rebellious Life of Rosa Parks》 Jeanne Theoharis (제7부 공민권 운동)
《1968》 Mark Kurlansky (제8부 프랑스 68 운동)
《Popular Protest in Palestine》 Marwan Darweish, Andrew Rigby (제10부 팔레스타인 해방 운동)
《Stonewall Riots》 Gayle E. Pitman (제7부 스톤월 항쟁)과 《Suffragette》 David Roberts (제5부 여성 인권 운동). 두 사건을 깊이 있게 다룬 두 어린이책의 도움을 받았습니다.

아울러 다음 다큐멘터리와 박물관의 도움을 받았습니다.
〈The World Against Apartheid: Have You Heard from Johannesburg?〉 Clarity Films
〈Greenham Common Changed My Life〉 BBC
〈Storyville, Tiananmen: The People v Party〉 BBC
영국 맨체스터에 있는 민중 역사 박물관(People's History Museum)에서 피털루 학살과 영국의 여러 저항 운동에 관해 연구할 수 있었으며, 애틀랜타 공민권 박물관(National Civil Rights Museum), 베를린 Revolution 89 전시(온라인 전시 revolution89.de)의 도움을 받았습니다.

"세상을 이끌어 가려면 어른이 될 때까지 기다려야 한다고 생각했어요.
하지만 어린이의 목소리도 전 세계에 울려 퍼질 수 있다는 걸 알게 되었답니다."

말랄라 유사프자이